탄소와 에너지

기후 위기 속 에너지에 대한 인식 전환

기후변화와 에너지 위기 시대에
어떻게 대처해야 하는가?

양수영 지음

박영사

추천의 글

저자 양수영 박사는 우리나라 자원개발 역사상 최대 규모인 미얀마 가스전 개발의 주역으로서 에너지의 다양한 분야에 대한 전문 지식과 실무 경험을 보유한 전문가이다.

저자는 에너지에 대한 풍부한 지식과 현장적 통찰력을 바탕으로 이 책에서 탄소와 에너지와의 관계, 탄소 감축의 실상, 수소 에너지의 미래, CCUS(탄소포집활용저장)의 현주소, 에너지의 수급 전망 등을 이해하기 쉽게 풀어쓰고 있다.

저자는 기후변화에 대처하기 위한 지금의 에너지 전환은 이전 두 차례 산업혁명 때의 에너지 전환과는 궤를 달리하는, 인류에게 새로운 기회보다는 희생과 고통을 수반하는 어쩔 수 없는 선택인 것을 깨달아야 한다고 주장한다. 에너지 절약과 효율화와 더불어 재생에너지와 원자력을 최대한 확대하여 우리나라의 에너지 자립도를 높이자는 현실적인 제안도 하고 있다.

기후 위기와 에너지 안보를 동시에 고민해야 하는 이 시대의 지식인이 알아야 하는 소중한 정보를 담고 있으며, 우리가 처한 현실을 제대로 이해하도록 도와주고 앞으로 나아가야 할 방향을 제시하는 흥미로운 책이므로 일독을 권한다.

서울대학교 에너지자원공학부 명예교수
(전)국제가스연맹(IGU) 회장
강주명 교수

기후변화에 대한 우려로 전 세계적으로 탄소 감축을 위해 노력하는 가운데, 탄소와 에너지와의 관계를 여러 측면에서 다양하게 분석한 책이 출간되었다.

이 책은 전 세계적으로 진행되고 있는 탄소중립이라는 목표가 실제로는 우리가 이해하는 것과는 달리 매우 비현실적이라는 사실을 여러 가지 과학적 조사 결과와 최신 통계 자료에 근거한 정황이나 증거를 통해서 보여주고 있다. 지구온난화에 따른 기후변화의 위험성이 인류에게 심각한 위협이 됨을 보여줌과 동시에, 탈석유, 탈화석에너지가 얼마나 어려운 목표인지를 잘 설명하고 있다.

또한 석유와 천연가스가 마르지 않는 화수분이 아니라 언젠가는 고갈될 것이므로 이에 대한 대비가 필요하다는 점을 지적하고 있다. 그리고 탄소중립을 이루는 데 큰 역할을 할 것으로 기대하고 있는 CCS의 현실적 제약을 지구 지층에 대한 이해를 바탕으로 잘 보여주고 있다.

이 책은 에너지라는 어려운 주제에 관해 애기하고 있지만, 그런데도 술술 읽히는 매력을 갖고 있다. 이 책이 갖는 무엇보다 돋보이는 장점이다. 에너지와 환경 분야에 종사하는 분들은 물론이고, 지구온난화와 에너지 위기 시대를 살아가는 정책 입안자, 기업인, 직장인들이 알아야 할 여러 기본 지식을 다루고 있는 유익한 책이다.

인천대학교 경제학과
손양훈 교수

시작하는 글

인류의 미래를 위협하고 있는 지구온난화가 단순한 가설이 아닌 실체적 진실로 다가오면서 탄소중립이 시대의 화두가 되고 있다. 세상이 탄소 감축 시대로 바뀔 것 같더니, 우크라이나 전쟁으로 에너지 위기가 고조되자 천연가스 확보에 비상이 걸리고 석탄 등 화석연료 사용이 다시 증가하였다. 인류의 미래를 위해서 지구온난화를 막아야 하겠지만 당장에 필요한 에너지를 줄이기가 쉽지 않다 보니 탄소 감축을 위한 노력과 충돌하고 있는 현실이다.

탄소 배출량을 줄이기 위한 에너지 전환이 강조되면서 탄소중립, 탈화석에너지, 탈석유, 전기시대, 수소시대, CCUS(탄소포집활용저장)를 통한 탄소중립 실현 등 다양한 표현들이 언급되고 있다. 탄소중립과 친환경 에너지에 관한 희망적 견해가 나오고 미래산업에 대한 장밋빛 전망으로 기대를 부풀게 한다. 그러나, 탄소 감축과 친환경 에너지로의 전환은 생존을 위한 어쩔 수 없는 선택으로서 지구상의 인류에게는 엄청난 도전이라는 사실이 간과되고 있는 듯하다.

지구온난화 못지않게 인류를 위협하고 있는 것이 바로 에너지 문제이다. 우리가 당연히 균형을 이룰 것으로 생각하는 에너지 수요와 공급의 실상을 들여다보면 예사롭지 않다는 사실을 접하게 된다. 지구온난화 못지않게 미래에 닥쳐올 수 있는 에너지 수급 불균형이 인류에게 닥쳐올 심각한 문제가 될 수 있다는 것이다.

우리에게 당면한 문제에 대해 적절한 조치를 하기 위해서는 무엇보다도 탄소중립과 에너지에 관한 객관적인 사실을 우선 알아야 한다. 필자는 지난 수십 년간 석유와 천연가스 탐사와 개발에 관한 연구와 실무를 해 왔으며, 최근에는 서울대학교 에너지자원공학부에서 탄소중립과 신재생에너지, 에너지 수급에 관해 깊이 있게 연구할 기회가 있었다. 이 책을 통해, 그 연구 결과를 종합하고 시대의 화두가 되는 탄소중립과 에너지의 현재와 미래 전망이 어떤지를 살펴보면서 그 해법에 대해 독자들과 함께 고민해 보고자 한다.

객관적인 결과를 도출하기 위해 최근의 공용 데이터(public data)를 활용하여 여러 현안에 대한 분석을 시행하였다. 분석 자료로는 탄소 감축에 대해 매우 적극적인 입장인 국제에너지기구의 자료를 주로 활용했으며, 국제에너지기구의 자료가 없거나 신빙성이 부족하다고 판단될 때는 석유수출국기구, 가스수출국포럼, BP, Shell 등의 자료를 활용하였다. 일반 독자들이 탄소중립과 에너지의 현실에 대해 쉽게 이해할 수 있도록 기본적인 개념부터 시작하여 전문적인 용어를 최대한 쉽게 풀어 설명하고자 노력하였다.

책을 출판하기까지 여러 전문가와 지인들의 많은 도움이 있었다. 책 전반에 대해 조언해 주고 원고를 검토해 준 인하대학교 정창석 교수, 서울대학교 이응규 교수, 청주대학교 이종호 교수, 한국석유공사 백오규 전 본부장, 해외자원개발협회 심재헌 박사에게 감사드리고, 석유개발사업, 전력산업, 수소산업, CCUS 등에 대한 소중한 정보와 자료를 제공해 준 한국석유공사와 포스코인터내셔널 임직원 여러분과 CCUS 관련 자료 제공과 조언을 해 준 Repsol사의 Michelle Kim에게 감사드리며, 집필에 전념할 수 있도록 도와주고 원고를 꼼꼼히 검토해 준 아내 유미희에게 감사의 마음을 전한다.

2023년 11월
양수영

차례

CHAPTER 01

에너지와 함께 한 인류문명

CHAPTER 02

지구온난화는 일어나고 있는가?

CHAPTER 03

탄소중립이란?

CHAPTER 13

호모사피엔스의 위기

CHAPTER 14

무엇을 어떻게 해야 하나?

에너지와
함께 한 인류문명

에너지와 함께 한 인류문명

호모사피엔스의 출현

46억 년의 나이를 가진 지구는 그동안 수많은 변화를 겪어왔다. 대륙이 분리되면서 새로운 대양이 생겨나고 그러다가 다시 대륙과 대륙이 합해지면서 히말라야산맥의 형성과 같은 엄청난 지각 변동을 겪기도 했다. 지층 속에 생생히 남아있는 화석의 기록을 보면 선캄브리아대, 고생대, 중생대, 신생대를 거치면서 지구상에 수많은 생물이 출현하고 멸종하기를 계속해왔다.

인류학 연구에 의하면, 지구상에 나타난 수많은 생물 중 하나인 인간은 최초의 조상인 오스트랄로피테쿠스가 약 250만 년 전 지구상에 처음 출현한 이후, 호모에렉투스, 호모하빌리스, 호모네안데르탈렌시스를 거쳐, 오늘날 생존하는 인류와 같은 종으로 분류되는 현생인류의 조상 호모사피엔스가 아프리카에 최초로 등장하였다. 호모사피엔스는 약 20만 년 전 출현한 것으로 알려졌으나, 호모사피엔스의 기원이 이보다 더 오래전인 26만~35만 년 전으로 거슬러 올라간다는 주장도 있다.[1]

지구 탄생 이래 지구상에는 빙하기와 간빙기가 여러 번 반복되어왔다. 마지막 빙하기가 불과 11만 년 전부터 1만 년 전까지 있었으니, 그보다 훨씬 이전에 지구상에 출현한 호모사피엔스는 많은 시간을 빙하기의 추위와 함께 보냈다.

인류문명과 에너지

호모사피엔스는 '슬기로운 인간'을 의미한다. 인간과 동물의 다른 점 중 하나가 인간만이 도구를 사용할 수 있어 도구를 이용하여 인류문명을 발달시켰다는 이론이 있었지만, 동물 중에서도 도구를 사용할 줄 아는 동물이 있는 것으로 밝혀져서 도구 사용이 인류문명 발전의 결정적 계기가 되었다고 말하기 어려워졌다.

인간과 동물의 중요한 차이점 중 하나는 인간만이 불을 사용할 줄 안다는 것이다. 인간은 나무를 연료로 하여 불이라는 열에너지를 만들어 체온을 유지하고 어둠을 밝히며 음식을 조리하는 데 활용하였다. 인류가 불을 사용했다는 흔적은 현생인류가 출현하기 훨씬 전인 170~200만 년 전 호모에렉투스 때부터였다는 증거들이 발견되었다.[2] 불은 인간에게 따뜻함과 밝음을 주었을 뿐 아니라 캄캄한 밤에 야생동물로부터 보호를 받을 수 있는 역할도 하였다. 불을 통해 따뜻함과 편안함을 제공받은 인류는 동물과 달리 야생의 거친 생활에서 벗어나 지적인 활동을 하게 되면서 호모사피엔스로 발전하게 되지 않았을까?

인류는 수렵·채취 생활을 오랫동안 하다가 빙하기가 끝나고 따뜻한 간빙기에 들어가면서 본격적으로 농경사회로 진입하게 된다. 농경사회로 진입하면서 집단생활을 하게 되고 인류의 문명이 발전하기 시작하였다. 세계 4대 문명이 지금으로부터 5,000년 전부터 6,000년 전까지 발생한 것으로 알려졌는데, 터키 남동부 괴베클리 테페에서 거대한 석조 유적이 발견되면서 4대 문명의 발생 시기인 6,000년 전보다 훨씬 이전인 1만 2,000년 전에 이미 인류는 집단생활을 하면서 문명을 이루었다는 사실이 밝혀졌다.[3]

문명을 발전시키는 과정에서 인류는 열에너지뿐만 아니라 일에너지도 적극적으로 활용하였다. 다른 동물들은 자기 신체에서 나오는 에너지만을 이용하지만, 인간은 다른 동물의 에너지를 일에너지로 활용하여 농사를 짓거나 수송 수단으로 사용하였다. 호모사피엔스가 20만 년 전 출현하여 구석기시대를 거친 후 인류는 농경사회로 진입하면서 신석기시대를 거치게 되고 그 이후 청동기시대, 철기시대를 거치면서 인간이 사용하는 도구가 발전하면서 인류문명이 점차 발전해 나갔다. 지난 1만 2,000년 동안 인류문명이 서서히 발전해 왔다면 1차 산업혁명과 2차 산업혁명을 거치면서 인류문명은 그야말로 급속도로 발전하게 되었다.

산업혁명은 에너지 혁명이다.

18세기 중반에 시작된 산업혁명으로 인류의 생활 방식에 큰 변화가 오기 시작했다. 1차 산업혁명은 증기기관을 기반으로 한 기계화 혁명이었다. 1705년 영국의 발명가 토머스 뉴커먼이 발명하고 1769년 제임스 와트가 개량한 증기기관은 수증기의 열에너지를 기계적인 일로 바꾸는 장치이다. 자연으로부터 얻는 석탄을 에너지로 활용하여 기계를 통해 일하게 되는 에너지 혁명은 호모사피엔스 출현 이래 수십만 년 동안 인간 자신이나 동물의 힘만을 이용하였던 인류에게 엄청난 일 효율을 가져와 인류문명을 근대사회로 이끄는 결정적 계기가 되었다. 1차 산업혁명으로 증기기관을 이용한 공장들이 생겨나면서 산업화가 시작되고 1825년 영국에서 최초로 상업용 철도가 운행되고 19세기 후반부터 전 세계적으로 철도가 건설되는 교통 혁명이 일어났다. 1차 산업혁명은 석탄을 기반으로 한 에너지 혁명으로 이루어낸 성과이다.

19세기 중반 근대적인 형태의 석유 시추가 시작된 이후 인류는 다시 한번 에너지 혁명을 이루게 된다. 조명용 연료로 고래기름을 사용하다가 석유를 정제한 등유를 사용하는 것에서 시작된 본격적인 석유 사용은 20세기 초 헨리 포드에 의해 내연기관 자동차가 개발되면서 그 사용이 급증하기 시작했다. 자동차가 대중에게 보급되기 시작하고 철도와 선박 연료가 석탄에서 석유로 대체되며 항공기가 개발되면서 수송 수단의 에너지원은 대부분 석유가 차지하게 된다. 다루기 불편하고 매연이 많이 나는 석탄에서 액체 상태라서 수송이 용이하고 다루기 쉬우며 매연이 적은 석유를 동력원으로 사용한다는 점은 비용과 효율 측면에서 대단한 혁신이었다.

19세기 후반에 시작되어 20세기에 꽃을 피운 2차 산업혁명은 전기와 석유를 기반으로 한 에너지 혁명이었다. 전기에너지를 이용한 컨베이어벨트를 활용하여 대량 생산을 할 수 있게 되어 모든 산업 분야에서 혁신이 일어났다. 석유를 연료로 쓰는 자동차, 선박, 비행기의 수요 증가로 철강산업이 발전하는 계기가 되었고, 원유를 정제하는 정유산업은 물론이고 석유화학산업이 20세기의 주력산업으로 등장하게 된다.

두 번에 걸친 산업혁명을 계기로 인류문명은 20세기 들어서 그 이전 1만 2,000년 동안의 인류문명의 발전과 비교할 수 없는 엄청나게 빠른 속도로 획기적인 발전을 하게 된다. 그러나 안타깝게도 지구상에서 그동안 어떤 생물도 한 적이 결코 없는 절대적으로 우월한 종으로 지구상에 군림해왔던 호모사피엔스는 이제 외부 요인이 아닌 인류 자신의 자업자득으로 인해 심각한 위기를 맞고 있다. 과연 우리는 어떤 위기에 직면해 있을까?

지구온난화는
일어나고 있는가?

지구온난화는 일어나고 있는가?

지구온난화가 실질적으로 진행되느냐에 대해 한동안 갑론을박이 있었다.[1] 우리나라든 미국이든 진보 정부는 지구온난화 방지를 위한 탄소 감축에 대해 매우 적극적인 데 반해, 보수 정부는 탄소 감축보다는 에너지 안보를 더 중시하는 경향이 있다. 미국 민주당 출신으로서 부통령을 지냈고 대통령 선거에 출마했던 앨 고어는 누구보다 탄소 감축에 앞장서 왔지만, 공화당의 트럼프 대통령은 추운 겨울 날씨가 이어지자 이렇게 추운데 지구온난화가 웬 말이냐고 비웃으면서 심지어는 지구온난화는 미국의 산업 경쟁력을 약화하기 위한 중국의 음모라는 얘기까지 했다.

국제사회의 노력

지구온난화에 대한 우려는 1970년대부터 제기되었고, 1992년 6월 브라질 리우데자네이루에서 열린 '환경 및 개발에 관한 유엔 회의(UN Conference on Environment and Development, UNCED)',

일명 리우환경회의에서 지구의 환경 보전에 대해 지구상의 모든 국가가 공동으로 대응하자는 것이 논의되었다. 전 세계 185개국 정부대표단과 114개국 정상 및 정부 수반들이 참석한 이 회의에서 각국 정부가 온실가스에 대한 정보를 수집하고 공유하며 온실가스 배출을 줄이기 위한 정책을 담은 국가보고서를 제출키로 한 '유엔기후변화협약(UN Framework Convention on Climate Change, UNFCCC)' 등이 채택되었다.[2]

유엔기후변화협약이 발효된 후 1995년부터 당사국 총회(Conference of Parties, COP)가 매년 열리고 있는데, 1997년 일본 교토에서 열린 COP3에서 교토의정서(Kyoto Protocol)가 채택되었고 이 의정서는 2005년 2월 발효되었다. 교토의정서에서는 온실효과를 유발하는 이산화탄소를 비롯한 모두 6종류의 감축 대상 온실가스를 지정하였으며, 감축 대상 온실가스의 국가별 의무 감축량을 설정하였다. 이 의정서를 인준한 국가는 온실가스 배출량을 줄이지 않는 국가에 대해 비관세장벽, 즉 관세가 아닌 별도의 무역장벽을 적용할 수 있게 되었다. 그러나, 미국은 교토의정서가 발효되기 전인 2001년 탈퇴하였고, 온실가스를 많이 배출하는 중국과 인도는 개발도상국이라는 이유로 제외되었으며, 이에 불만을 품은 캐나다, 일본, 러시아 등이 빠지면서 이 의정서는 유명무실하게 되고 말았다.[3]

2020년 만료되는 교토의정서를 대체할 새로운 협약을 마련하기 위해 2015년 12월 파리에서 개최된 COP21에서 파리협정(Paris Agreement)이 채택되었다. 이 협정에는 지구온난화로 인한 기온 상승을 산업화 이전 대비 $1.5°C$까지 제한하도록 노력하고, 이를 위해 모든 국가가 온실가스에 대한 '국가감축목표(Nationally Determined Contributions, NDC)'를 정하고 이를 실천하자는 내용을 담고 있다. 미국은 2017년 트럼프 대통령이 파리협정 탈퇴를 공식 선언하였으나, 2021년 바이든 대통령이 취임하면서 파리협정에 재가입하였다. 우리나라는 박근혜 정부 때인 2016년 파리협정을 비준했으며, 2021년 11월에 문재인 대통령이 애당초 2018년 대비 2030년까지 26.3% 감축하기로 되어있던 온실가스 국가감축목표를 40%로 대폭 상향 조정하겠다고 발표했으며, 2022년 취임한 윤석열 대통령 역시 이전 정부가 제시한 국가감축목표를 유지하겠다고 했다.

지구온난화는 진행되고 있다.

세계기상기구와 유엔환경계획이 주축이 돼 1988년 출범한 '기후변화에 관한 정부 간 협의체(Intergovernmental Panel on Climate Change, IPCC)'는 1990년부터 기후변화가 지구환경과 생태계에 미치는 영향을 과학적으로 분석해 발표해왔다. IPCC는 산업화 이전과 비교해 2100년까지 지구 온도 상승 폭을 1.5°C 이내로 제한하자는 내용을 담은 '지구온난화 1.5°C 특별보고서(Special Report, Global Warming of 1.5° C)'를 2018년에 발간하였으며, 이 보고서는 2018년 10월 인천 송도에서 열린 IPCC 총회에서 만장일치로 통과되었다.

IPCC가 가장 최근에 발표한 보고서는 2021년 발표한 제6차 평가보고서(Sixth Assessment Report, Climate Change 2021)이다. 2023년 3월 정식 승인된 이 보고서 내용 중 전 세계 66개국 234명의 과학자들이 14,000편 이상의 논문을 정밀하게 조사하여 작성한 제1실무그룹 자연과학 근거보고서(Physical Science Basis by Working Group I)에는 지구온난화 상황이 매우

심각하게 서술되어 있다.[4]

지구의 기온은 1970년 이후 급격히 상승하였으며, 최근 2011년~2020년 동안 10년간의 지구 평균 기온은 산업화 이전인 1850년~1900년 대비 육지에서 $1.59°C$ 상승하고 해양에서 $0.88°C$ 상승하여 지구 전체로는 $1.09°C$ 상승하였다. 지구온난화가 인간 활동에 의한 것이 아니라, 태양의 활동 주기 등 지구에서 일어나는 다양한 자연 현상의 일환일 뿐이라는 일부 주장이 있었지만,[5] 다음 그림에서 보는 바와 같이 자연적 현상에 의한 기온 상승은 미미하며(회색 선) 대부분 인간 활동으로 의해 촉발된 것으로 확인되었다. 지구온난화가 예상보다 빠른 속도로 진행되어 3년 전인 2018년에 발표한 특별보고서는 $1.5°C$ 기온 상승 도달 시점을 2052년으로 예측했는데, 2021년 보고서는 2040년에 도달할 것으로 보고 있다. 인류가 온실가스 감축을 위한 획기적인 노력을 하지 않고 그대로 방치한다면 지구온난화가 계속되어 금세기말에 지구의 기온은 산업화 이전 대비 최대 $4.4°C$까지 올라갈 수 있다고 경고하고 있다. 지구온난화는 이제는 가설이 아니라 방대한 과학적인 자료를 통해 입증된 누구도 부인할 수 없는 FACT가 되었다.

그림 2-1 지구의 기온 상승 변화

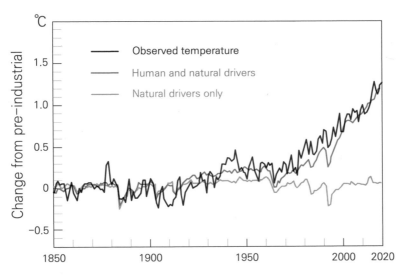

출처: IPCC 2021, Physical Science Basis, Working Group I to 6th Assessment Report

지구온난화의 영향

IPCC의 제6차 평가보고서 제1실무그룹의 자연과학 근거 보고서에 의하면, 지구온난화의 영향으로 1990년대 이후 빙하 지역이 눈에 띄게 줄어들고 있다. 북극해의 얼음이 심각하게 줄어들어, 1979년~1988년에 비해 2010년~2019년 기간 9월의 얼음이 무려 40% 줄어들었다. 북반구에서 봄에 눈이 오는 지역이 줄었으며 그린란드의 빙하가 지난 20년간 녹고 있는 것은 인간 활동의 영향이라고 볼 수밖에 없다. 평균 해수면은 1901년부터 2018년 동안 20cm 상승하였다. 1901년~1971년 연평균 1.3mm 상승하던 해수면이 1971년~2006년에는 1.9mm 상승하였으며, 2006년~2018년에는 무려 3.7mm로 상승 폭이 대폭 커졌다.

지구온난화로 인해 혹한 날씨가 점점 줄어들고 약해지는 데 반해, 혹서 날씨가 점점 많아지고 강도도 세어지고 있으며, 열파(Heatwave), 폭우, 가뭄과 열대성 사이클론의 빈도가 증가하는 등 지구상의 기후 패턴이 눈에 띄게 바뀌고 있다. 1950년부터 증가하기 시작한 평균 강수량은 1980년대 이후 더 빠른 증가 속도를 보이고 있으며, 폭우가 발생하는 빈도와 강도가 더욱 세어지고 있다. 중위도 지역에서 나타나는 폭풍우가 북반구와 남반구 모두에서 극 방향으로 이동하였다. 지난 40년간 열대성 사이클론의 발생빈도가 많아지고 있으며, 더 많은 폭우를 동반하고 있는 것으로 나타났다.

지구온난화가 최근 지구촌에서 속출하고 있는 기상 이변의 가장 큰 원인으로 지목되고 있으며, 심지어는 지난 2021년 겨울에 이례적으로 발생한 텍사스의 한파와 같은 이상 한파조차도 지구온난화의 결과라는 연구 결과가 있다.[6] 다음 그림에서 보는 바와 같이 지구 중위도 지역의 대류권 상부의 지상 9km~15km 고도에는 서쪽에서 동쪽으로 빠른 속도로 부는 제트기류(Jet Stream)가 있다. 미국 국립해양대기청(National Oceanic and Atmospheric Administration, NOAA)에 의하면, 겨울에 극지방의 찬 공기를 가두고 있는 극소용돌이(Polar Vortex)가 지구온난화의 영향으로 교란되면서 극소용돌이를 둘러싸고 있는 제트기류가 불안정한 파동 형태를 보이게 되고, 이에 따라 극지방의 찬 공기가 온대 지방까지 넓게 확대되어 혹한의 날씨를 보이고, 또 한편으로는 따뜻한 공기가 고위도 지역까지 확대되어 겨울에 이상 고온 현상을 보인다는 것이다. 트럼프 대

통령이 "극한 날씨에 웬 지구온난화"냐고 비웃었지만, 이제는 이상 고온
은 물론이고 이상 혹한 현상도 지구온난화의 영향인 것으로 과학자들
이 받아들이고 있다.

그림 2-2 극소용돌이와 제트기류

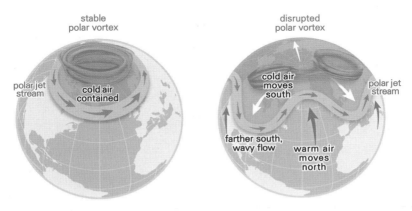

출처: NOAA Climate Government, Article by Rebecca Lindsey

    지구상에 앞으로 일어날 혼란은 기상 이변이나 기후변화에 따른 생
태계의 교란과 빙하가 녹음으로 해수면이 높아지는 것뿐만이 아니다.
지구온난화에 대한 또 하나의 우려는 극지방의 영구동토층이 녹으면서
빙하 속에 갇혀있던 바이러스와 병원균 활동에 의한 위협이 제기된다는
것이다. 시베리아 영구동토층에서 2003년부터 바이러스가 발견되고 있
는데, 최근 프랑스 과학자들이 시베리아 7개 지역 영구동토층에서 번식
력이 살아있는 4만 8,500년 된 바이러스, 일명 좀비 바이러스를 포함해
인류가 처음 보는 바이러스 13종을 발견했다고 발표했다.[7] 연구팀은 바
이러스가 오랜 시간이 지난 후에도 여전히 전염성이 있으므로 바이러스

가 깨어나면 인류 공중 보건에 큰 위협이 될 수 있다고 했다. 이전에는 바이러스의 위협에 관한 얘기를 들어도 그러려니 했지만, COVID−19의 팬데믹으로 전 세계가 3년간 고통에 시달리다 보니 이제는 바이러스의 위협이 예사롭지 않게 느껴지게 된다.

극지방에서 배출될 이산화탄소도 인류에게 위협적일 수 있다. 북반구 육지 전체 면적의 25%에 해당하는 극지방의 영구동토층에는 1조 7,000억 톤에 달하는 이산화탄소가 저장되어 있는데, 이는 2019년 한 해 동안 전 세계에서 사용된 화석연료에서 배출된 이산화탄소의 무려 51배가 된다.[8] 토지, 산림과 함께 영구동토층은 자연적으로 이산화탄소를 흡수하여 이산화탄소 저장소라는 순기능을 하고 있는데, 지구온난화로 극지방의 영구동토층이 녹으면 막대한 양의 이산화탄소와 메탄가스가 대기 중으로 방출될 것이며, 방출된 온실가스가 온실효과를 상승시켜 지구온난화가 더욱 가속될 것이다.

지구온난화는 일어나고 있는가?

지구온난화가 일어나고 있는 것이 부인할 수 없는 진실임이 과학적 조사 결과에 의해 밝혀지고 있다.

CHAPTER

03

탄소중립이란?

탄소중립이란?

넷제로와 탄소중립

　　온실가스는 지구 대기의 기체 중 지면에서 복사된 적외선을 흡수하여 마치 온실 안과 같이 기온을 상승시키는 역할을 하는 기체를 말한다. 온실가스 중 온실효과를 가장 많이 일으키는 것은 수증기이지만 수증기는 지구의 기온과 대기의 평형 유지에 꼭 필요한 기체이다. 수증기를 제외한 온실가스의 종류로는 이산화탄소(CO_2), 메탄(CH_4), 아산화질소(N_2O)가 있으며, 그 외 수소불화탄소(HFCs), 과불화탄소(PFCs), 육불화황(SF_6)과 같은 불화가스(Fluorinated Gases)가 있다.

　　온실가스 넷제로(Net Zero)란 온실가스 배출량을 최대한 줄이고 배출되는 온실가스 중 자연적으로 흡수되고 남은 온실가스를 인위적으로 모두 제거하여 순배출량을 "0"으로 하겠다는 것이다. 탄소중립(Carbon Neutrality)은 온실가스 중 가장 큰 비율을 차지하는 이산화탄소에 대해, 그 배출량을 줄이고 배출되는 이산화탄소를 제거하거나 배출 요인을 감소시키는 다른 방안으로 상쇄시킴으로써 이산화탄소 배출량과 처리량을 같게 하여 중립을 이루게 한다는 것이다. 넷제로와 중립은 순배출량을 "0"으로 한다는 점에서는 같은 의미이지만, 넷제로는 온실가스 공급 Chain 전체에 걸쳐 온실가스를 감축하고 제거하는 것임에 반해, 탄소중립은 온실가스 중 이산화탄소에 국한하여 사용하는 용어이며, 배출하는 이산화탄소를 인위적으로 제거하는 것뿐만 아니라 배출량에 해당하는 만큼 이산화탄소 흡수원 역할을 하는 나무를 심거나 탄소배출권을 구매하는 등의 방법으로 상쇄시킬 수 있다는 점에서 차이가 있다.[1]

탄소중립은 엄밀히 말해서 이산화탄소에 대한 중립을 의미하지만, 다른 온실가스를 포함한 온실가스 전체에 대한 중립이라는 의미로 쓰이기도 한다.

탄소중립을 달성하기 위해서는 이산화탄소 배출 요인을 최대한 줄이는 것이 무엇보다도 필요한 일이며, 더 이상 줄일 수 없어 배출되는 이산화탄소를 모두 처리해야만 탄소중립 달성이 가능하다. 대기 중으로 방출되는 이산화탄소 중 일부는 산림이나, 토양, 바다에 자연적으로 흡수되는데 이를 탄소 흡수(Carbon Sink)라고 한다. 탄소중립을 달성하기 위해서는 자연적인 흡수원 역할을 키워야 하며, 흡수되지 않는 나머지 이산화탄소를 인위적으로 처리해야만 한다. 이산화탄소를 포집하여 이를 활용하거나 지하 지층에 저장하는 것을 탄소포집활용저장(Carbon Capture, Utilization & Storage, CCUS)라고 한다.

온실가스 배출 현황

　　　　　　　IPCC의 제6차 평가보고서 제3실무그룹의 기후변화 완화 보고서(Mitigation of Climate Change)에 의하면, 2019년 세계 온실가스 배출량은 590억±66억 톤(CO₂ 환산 기준)으로서 2010년 대비 12% 증가하였고 1990년 대비 무려 54% 증가하였다.[2]

　온실가스 배출 요인으로 가장 큰 부분을 차지하는 것은 화석연료와 산업에서 발생한 이산화탄소(CO₂ from Fossil Fuel and Industry, CO₂-FFI)로서 2019년 기준으로 배출량이 380억±30억 톤이며 온실가스 전체에서의 비율은 64%이다. 이산화탄소 배출의 또 다른 요인은 토지 이용, 토지 이용 변화, 산림에서 발생하는 이산화탄소 순배출량(net CO₂ from Land Use, Land-Use Change, Forestry, CO₂-LULUCF), 즉 자연 파괴로 인한 이산화탄소 흡수량 감소가 온실가스 배출량 전체의 11%를 차지한다. 이산화탄소 외의 온실가스로는 배출량의 18%를 차지하는 메탄가스가 있으며, 그 외 아산화질소와 불화가스가 있다.

그림 3-1 세계 온실가스 배출량

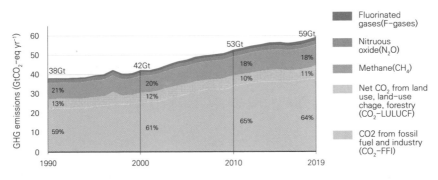

출처: IPCC 2022, Mitigation of Climate Change, Working Group III to 6th Assessment Report

IPCC가 정의한 CO_2-LULUCF는 숲을 개간하고 토지를 이용하는 과정에서 자연이 파괴되어 애당초 흡수할 수 있었던 이산화탄소 흡수량이 줄어들면서 이산화탄소가 순배출되는 효과를 의미한다. 전체 온실가스 배출 중 CO_2-LULUCF가 11%로 적지 않은 부분을 차지하고 있으며, CO_2-LULUCF의 순배출량 증가에 가장 큰 영향을 미치는 것이 무분별한 개발로 인한 산림의 파괴이다. 탄소중립 달성을 위해서는 Carbon Sink, 즉 자연적인 흡수원의 역할을 키워야 하는데, CO_2-LULUCF에 의해 지구상의 이산화탄소 흡수량이 오히려 상당량 줄어드는 실정이다.

인류가 통제해야 할 가장 주요한 온실가스는 CO_2-FFI, 즉 화석연료의 연소와 산업에서 발생하는 이산화탄소이다. 국제에너지기구가 최근 발표한 자료에 의하면,[3] 2021년 화석연료로 인해 발생하는 이산화탄소 총량은 366억 톤이며, 그중 석탄 41%, 석유 30%, 천연가스 20%로서 화석연료에서 발생하는 이산화탄소가 전체 이산화탄소 배출량의 91%를 차지한다. 그러므로, 지구온난화를 초래하는 온실가스 배출을 줄이기 위해서는 화석연료 사용을 줄이는 것이 무엇보다 중요한 과제이다.

1992년 리우환경회의 이후 전 세계적으로 화석연료를 줄여 지구온난화를 막아보려는 노력을 해왔다. 석탄발전을 줄이면서 재생에너지를 확대하고 내연기관 자동차를 전기차로 대체하며, 수소에너지 사용 등을 통해 화석연료 사용을 최대한 줄이고, 배출되는 이산화탄소는 CCUS를 통해 제거하여 넷제로를 달성하겠다는 결의를 다지고 있다.

국제에너지기구의 세 가지 탄소 감축 시나리오

국제에너지기구(International Energy Agency, IEA)는 OECD 산하 기구로서 제1차 석유파동 직후인 1974년 설립되었다. 석유 수입국이 대부분인 OECD 회원국들이 석유수출국기구인 OPEC에 대응하여 세계 석유시장의 안정을 도모하고 석유 공급 위기에 공동으로 대응하기 위해 설립한 기구이다.

지구온난화의 가장 큰 원인이 화석에너지 사용인 만큼 IEA는 매년 발간하는 세계에너지전망보고서(World Energy Outlook)를 통해 에너지 수요와 공급 현황과 함께 미래 전망에 대한 수치를 제시하면서 기후변화에 대한 경각심을 일깨우고 있다. IEA는 탄소 감축과 관련한 미래 에너지 전망에 대해 세 가지 시나리오를 제시하였다.[4]

넷제로 시나리오(Net Zero Emissions by 2050 Scenario, NZE)는 2050년까지 전 세계적으로 탄소 넷제로를 달성하는 것을 목표로 한 시나리오이다. 2050년까지 기온 상승을 1.5°C로 제한하기 위해 전 세계 에너지 분야가 나아갈 방향을 제시한 것으로서 실천가능한 시나리오라기보다는 규범을 제시하는 시나리오라고 볼 수 있다.

발표공약달성 시나리오(Announced Pledges Scenario, APS)는 전 세계 여러 정부가 발표한 친환경 공약을 정해진 기한 내에 완전히 달성하는 경우의 시나리오이다. 파리협약 이후 각국 정부는 온실가스에 대한 국가감축목표(Nationally Determined Contributions, NDC)를 UN에 제출하였다. 우리나라는 2018년 기준 7억 2,760만 톤인 온실가스 배출량을 2030년까지 5억 3,610만 톤으로 줄여 26.3% 감축하기로 하였으나, 2021년에 IPCC가 권고하는 감축률 40%로 상향 조정하여 2030년까지 4억 3,660만 톤으로 감축하겠다는 목표를 제출하였다.[5] NDC는 파리협약에 따라 각국 정부가 탄소중립의 중간 단계로 2030년까지의 탄소 감축목표를 제시한 것이지만 강제성을 띤 약속이 아니며, 개발도상국은 물론이고 OECD 국가 중에서도 달성이 쉽지 않은 국가들이 있으므로, 발표공약달성 시나리오 또한 실현 가능성이 그리 크지 않은 시나리오라고 하겠다.

이행가능정책 시나리오(Stated Polices Scenario, STEPS)는 탄소 감축을 위해 각국 정부가 실제로 시행 중인 정책과 친환경 에너지 공약 중 이행이 가능한 정책만을 반영한 경우의 시나리오이다. 발표공약달성 시나리오가 모든 정부의 온실가스 감축 공약이 기한 내에 모두 달성된다고 가정한 것임에 반해, 이행가능정책 시나리오는 각국 정부가 산업체의 현실적인 상황을 고려하여 실제로 시행하거나 시행할 정책만을 반영한 시나리오이다. 물론 정부들이 공약 달성을 위해 현재의 정책보다 더 과감하게 정책을 입안하고 시행한다면 이보다 더 많은 탄소 감축이 가능할 수도 있겠지만, 탄소 감축 못지않게 경제 성장이 국가의 중요 정책 목표임을 고려할 때 쉽지 않은 일이므로, 이행가능정책 시나리오가 현재 상황을 반영하여 가장 적절히 미래를 전망한 시나리오라고 할 수 있겠다.

CO_2 배출 현황 및 전망

IEA 자료에 의하면, 2021년 기준으로 366억 톤인 에너지와 산업 관련 세계 이산화탄소 배출량이 파리협정 이전의 추세를 그대로 유지한다면 2050년 500억 톤 이상이 되며 이러한 추세가 계속되면 2100년 평균 기온 상승은 3.5°C에 이르게 된다.[6] 이행

가능정책 시나리오(STEP)에서는 이산화탄소 배출량은 2020년대 중반 370
억 톤으로 정점을 찍은 후 2050년에 320억 톤으로 감소하게 되며, 이
경우 2100년에 평균 기온은 2.5°C 상승하게 된다. 발표공약달성 시나리
오(APS)에서는 2100년 평균 기온 상승은 1.7°C이며 넷제로 시나리오(NZE)
로는 1.4°C로 기온 상승 제한이 가능한 것으로 되어있다.

그림 3-2 에너지와 산업 관련 CO_2 배출과 기온 상승

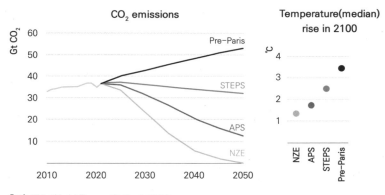

출처: IEA, World Energy Outlook 2022

그런데, 미국 정부 기관으로서 미국은 물론이고 세계 에너지 관
련 제반 정보를 수집하는 미국 에너지정보청(U.S. Energy Information
Administration, EIA)의 전망에 의하면 Reference Case에서 전 세계 이산화
탄소 배출량은 앞으로도 줄어들지 않고 계속 늘어난다. 비OECD 국가
에서는 2020년 대비 2050년에 무려 35% 증가하고 OECD 국가에서도
5% 증가한다.[7] 에너지정보청의 Reference Case는 현재의 에너지 경향
과 연관성, 현존하는 법과 제도, 경제 성장과 기술 발전을 고려한, 즉 현

재의 여러 가지 상황을 충분히 반영한 경우의 전망이다. 에너지정보청은 이산화탄소 배출량이 늘어나게 되는 것은 인구 증가와 경제 성장 때문이라고 했다. 그나마 다행스러운 것은 단위 에너지당 탄소 배출량을 의미하는 탄소 강도(Carbon Intensity)가 OECD와 비OECD 국가 모두에서 낮아진다는 것이다. 이는 우리가 사용하는 에너지 중 상당 부분이 앞으로는 친환경 에너지로 생산될 것을 반영했기 때문이다.

그림 3-3 세계 CO_2 배출량 전망(US EIA)

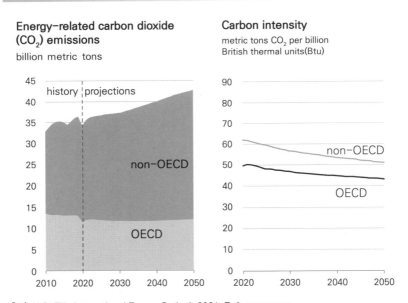

출처: U.S. EIA, International Energy Outlook 2021, Reference case

국제에너지기구가 제시한 세 가지 시나리오 중 넷제로 시나리오는 달성 가능성을 전제로 한 것이 아니고 탄소 넷제로를 위해 나아갈 방향을 제시하는 것이며, 발표공약달성 시나리오는 전 세계 모든 정부가 온실가스에 대한 공약을 정해진 기한 내에 모두 달성했을 때 가능한 시나리오이므로 광장히 도전적인 목표를 전제로 한 시나리오라고 할 수 있다. 이행가능정책 시나리오가 그나마 현재 상황을 잘 반영한 것이라고 볼 수 있는데, 미국 에너지정보청의 자료의 Reference Case에서 이산화탄소 배출량이 조금씩이나마 감소할 것이라는 이행가능정책 시나리오와는 달리 전 세계 이산화탄소 배출량이 오히려 증가한다는 것은 국제사회의 노력에도 불구하고 탄소 감축이 쉽지 않다는 것을 의미한다.

2050년까지 탄소중립은 고사하고 탄소 감축조차도 되지 않을 것이라는 미국 에너지정보청의 비관적인 전망은 예사롭지 않다. 그렇다면 과연 에너지별 수요와 공급 전망은 어떠한지, 그리고 탄소 감축의 중요한 역할을 할 것이라 기대되는 수소와 CCUS의 현주소와 전망은 어떠한지, 탄소중립은 이룰 수 없는 요원한 목표인지 살펴보기로 하자.

탄소중립이란?

탄소중립이란 이산화탄소 배출을 최대한 줄이고, 배출되는 이산화탄소를 CCUS로 처리하거나 다른 방법으로 상쇄시켜 순배출을 "0"으로 한다는 것이다.

인류가 사용하는
에너지

인류가 사용하는 에너지

에너지의 정의와 분류

에너지란 어떤 물체 또는 시스템에 작용하여 일을 하게 하거나 열을 내는 정량적 특성을 의미한다. 에너지의 종류로는 역학적 에너지, 열에너지, 화학에너지, 빛에너지, 전기에너지, 핵에너지 등이 있다.

여기서 중요한 점은 에너지가 정성적 특성이 아니라 정량적 특성이라는 것이다. 최근에 에너지와 관련하여 자주 언급되는 탄소중립, 탈화석에너지, 수소에너지, 탄소포집저장 등의 용어가 정량적으로 기술되지 않고 필요성과 중요성을 강조하는 정성적인 접근이 이루어지고 있어 그 정확한 실상이 제대로 알려지지 않고 있다. 이 책에서는 에너지와 관련된 여러 분야에 대해 구체적인 숫자를 제시하여 독자들이 탄소중립과 에너지에 관한 현 상황을 정확히 이해하도록 돕고자 한다.

호모사피엔스가 지구상에 살아가는 지난 수십만 년 대부분 기간에 인류는 인간의 몸에서 나오는 힘이나 동물의 힘을 에너지로 이용하여 일을 했으며, 체온 유지나 음식 조리를 위해 자연으로부터 얻는 나무를 사용하여 열을 내는 정도의 에너지 활용을 해왔었다. 그러다가 18세기 1차 산업혁명이 시작된 이래 에너지 사용이 급격히 늘어나서 자연으로부터 많은 에너지를 얻어 충당해왔다.

우리가 자연으로부터 다양한 에너지를 얻어 우리 생활에 필요하도록 가공하여 활용하는데, 에너지의 활용 단계에 따라 1차 에너지, 2차 에너지, 최종 에너지로 분류한다.

1차 에너지(Primary Energy)는 자연으로부터 얻는 천연 상태의 가공되지 않은 최초 에너지를 의미하며, 인류가 필요로 하는 에너지 공급원이라고 할 수 있다. 자연으로부터 얻는 1차 에너지는 모두 5가지로서 원유, 천연가스, 석탄, 원자력, 재생에너지가 그것이다. 재생에너지를 제외한 4가지의 에너지는 한번 사용하면 소멸하는 에너지인 데 반해, 재생에너지(Renewable Energy)는 자연이 계속해서 다시 만들어낼 수 있는 에너지이다. 재생에너지로는 수력, 태양광, 풍력, 바이오에너지, 지열, 조력 등이 있다.

2차 에너지(Secondary Energy)는 1차 에너지를 우리 생활이나 산업 분야에서 다루기 쉽고 사용하기 편리하게 가공한 에너지를 말한다. 2차 에너지로는 전기, 자동차 연료, 도시가스, 수소 등이 있다. 자연에서 얻는 원유를 정제하여 휘발유, 경유, 등유 등의 연료로 만들며, 특히 석탄, 재생에너지, 천연가스, 원자력 등 다양한 1차 에너지로 2차 에너지인 전기를 만들어 편리하게 쓰고 있다. 2차 에너지는 1차 에너지를 변환하여 만드는 에너지이므로 변환과정에서 상당한 에너지 손실이 발생한다.

최종 에너지(Final Energy)는 산업, 수송, 가정, 서비스 분야 등의 최종 소비자에 의해 소비되는 에너지를 말하며, 생활연료로 사용하는 석탄과 같이 1차 에너지를 그대로 최종 에너지로 쓰는 예도 있으나, 최종 에너지 대부분은 2차 에너지에 해당한다.

인류가 쓰는 에너지 현황

아래 그림은 1800년부터 지금까지의 에너지 사용 추이를 보여준다.[1] 18세기 중반에 시작된 1차 산업혁명 이전에는 인류가 자연으로부터 얻는 에너지는 대부분 열에너지였다. 물의 낙차를 이용하여 풍차나 물레방아를 돌렸으며, 수증기를 이용한 동력장치를 사용했다는 기록이 간혹 있기는 하지만, 일에 필요한 에너지 대부분은 인간 자신의 노동이나 동물의 힘을 이용하였다. 자연으로부터 얻는 1차 에너지는 난방이나 조리를 위한 열에너지를 만들어 내는 전통적 바이오매스인 나무 사용이 대부분이었다.

그림 4-1 전 세계 1차에너지 사용 추이

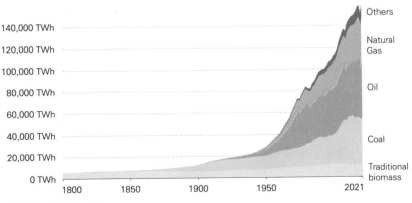

출처: Our World in Data

18세기 중반에 시작된 산업혁명을 계기로 세계 곳곳에서 증기기관을 이용한 산업화가 일어났고, 19세기 중반부터 철도가 건설되기 시작하여 전 세계적으로 철도 건설 붐이 일어나면서 석탄 사용이 급증하기 시작했다. 20세기 중반 이후 증기기관차가 디젤 또는 전기기관차로 대체되면서 수송 연료로서의 석탄 수요는 줄었지만, 발전 연료로서의 석탄 사용이 늘어나기 시작했으며, 전기 수요 급증에 따라 석탄 수요가 계속 증가하였다. 또한 철강산업의 발전과 함께 제철 연료로서의 석탄 수요도 계속 증가했다.

2차 산업혁명을 계기로 늘어난 석유 수요는 미국과 유럽을 중심으로 늘어나다가 2차 세계대전 이후 전 세계적으로 산업화를 통한 경제 성장이 진행되면서 석유와 천연가스 수요가 폭발적으로 증가하였다. 20세기는 석유시대라 해도 과언이 아닐 정도로 석유 사용이 급증하였으며 석유가 정치와 경제에서의 중요한 화두가 되었다.

석탄을 시작으로 1870년대부터 본격적으로 증가하기 시작한 화석에너지 사용은 20세기 초반부터 석유와 천연가스 사용이 증가하면서 매우 빠른 속도로 증가하였다. 1800년 기준으로 약 10억이었던 인구가 2021년 약 80억으로 8배 늘어난 데 비해, 세계 1차 에너지 사용은 30배로 증가하여 인구 증가에 비해 훨씬 빠른 속도로 가파르게 증가하였다. 2021년 기준으로 624 엑사줄인 세계 1차 에너지 공급량 중 석유, 천연가스, 석탄이 차지하는 비율이 무려 79%이다.[2] 엑사줄(Exa-joule, EJ)은 대량의 에너지를 표현할 때 쓰는 단위로서 1 엑사줄은 10^{18} 줄이다.

호모사피엔스가 출현한 이래 지난 20만 년 동안 자연으로부터 얻는 에너지라고는 나무를 때어 열을 얻는 데 그쳤으며, 인류문명이 시작된

1만 2000년 동안에도 에너지 사용 측면에서 큰 변화가 없었던 인류가 1, 2차 산업혁명을 통한 에너지 혁명으로 그 이전에는 상상도 못 할 새로운 세계를 접하게 되었다. 자연으로부터 얻는 화석에너지를 활용하여 인류는 그 어느 때보다 풍족한 생활을 누리게 된 것이다. 석유를 연료로 하는 자동차, 선박, 비행기를 이용하여 세계 어디든 쉽게 여행할 수 있게 되었으며, 석유화학제품으로부터 얻는 탄소 소재 제품이 생활 전반 곳곳에 다양하게 쓰여 편리하고 쾌적한 생활을 하게 되었다.

인류는 지하 깊숙이 화석 상태로 들어있던 화석에너지를 찾아내고 개발하면서 이전과는 전혀 다른 새로운 차원에서의 인류문명을 발전시켜왔는데, 문명 발전의 근간이 되었던 이 화석에너지가 이산화탄소 배출로 인해 지구온난화의 주범이 되어 버렸다. 탈화석에너지란 우리 생활 곳곳에서 사용되고 있는 화석에너지에서 벗어나자는 것이다. 19세기 후반부터 지난 150년간 급격히 늘어난 화석에너지 사용량을 볼 때 탈화석에너지는 실천하기 매우 어렵다고 하더라도 화석에너지 사용을 최대한 줄이는 것이 지구상 인류 전체의 중요한 과제가 되었다.

인류가 사용하는 에너지

인류는 수십만 년 동안 자연으로부터 얻는 에너지라고는 나무를 이용한 열에너지뿐이었는데, 약 150년 전부터 화석에너지인 석유, 천연가스, 석탄 사용이 급증하여 현재 우리가 사용하는 1차 에너지의 79%가 화석에너지이다.

CHAPTER

05

탈화석에너지는
가능한가?

탈화석에너지는 가능한가?

최종 에너지 소비 추이 및 전망

OECD 회원국을 중심으로 설립된 국제 에너지기구(IEA)는 탄소 배출과 에너지와의 관계에 대해 다양한 자료를 제공하면서 에너지 분야의 탄소 감축을 위해 매우 적극적으로 노력하는 국제기구이다. 탄소중립의 실현을 위해 애쓰고 있는 IEA가 최근에 발표한 World Energy Outlook 2022에 나온 자료와 미국 에너지정보청의 자료를 통해 탈화석에너지가 가능한지를 살펴보겠다.

자연에서 얻은 1차 에너지를 사용하기 쉬운 전기나 수송 연료 등과 같이 변환하여 소비자가 마지막 단계에서 소비하는 에너지가 최종 에너지이다. 2010년부터 지금까지 전 세계에서 사용한 최종 에너지 소비량과 IEA가 제시한 세 가지 시나리오별 최종 에너지 전망이 다음 그래프에 나와 있다.[1] 2010년 383 엑사줄이었던 세계 최종 에너지 소비량은 2020년 팬데믹 때 일시적으로 감소한 것을 제외하고는 꾸준히 증가하여 2021년 소비량은 2010년 대비 15% 증가한 439 엑사줄이다.

그림 5-1 시나리오별 세계 최종 에너지 전망

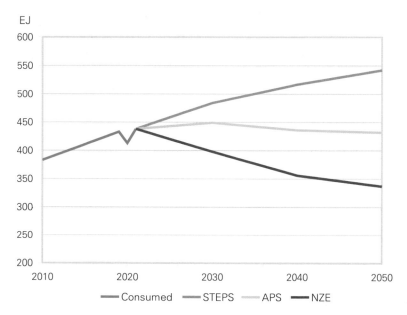

출처: IEA, World Energy Outlook 2022

IEA의 세 가지 시나리오 중 탄소중립을 목표로 하는 넷제로 시나리오(NZE)는 2022년부터 세계 최종 에너지 소비가 급감하는 것을 보이고 있으므로 매우 비현실적인 시나리오라고 할 수 있다. 전 세계 모든 정부의 공약이 기한 내에 완전히 달성되는 것을 전제로 한 발표공약달성 시나리오(APS)에서는 2030년까지 최종 에너지 소비가 조금씩 증가하다가 2030년부터는 감소한다.

에너지 소비가 증가하는 가장 큰 요인은 인구 증가와 경제 성장이다. 세계 인구는 계속 빠른 속도로 증가하여 2022년 11월에 80억 명을 돌파하였다. 선진국은 저출산 문제를 해결하기 위해 고심하지만, 동남아시아나 인도와 같은 개발도상국의 급격한 인구 증가는 그 기세를 멈출 수가 없으므로, 세계 인구가 증가하는 한 에너지 소비 증가는 계속될 수밖에 없다. 에너지 소비의 또 다른 요인인 경제 성장 또한 멈추지 않고 계속될 것이다. 전 세계 모든 정부가 정책의 최우선 과제로 삼고 있는 것 중의 하나가 경제 성장이다. 경제 성장이 멈춘다는 것은 그 국가가 쇠퇴하기 시작했다는 것이므로 어떤 정부도 경제 성장이 정체되거나 후퇴하는 것을 방관하지 않을 것이다.

그렇다면 세계 최종 에너지 소비가 감소할 것을 전망하는 발표공약달성 시나리오는 인구 증가와 경제 성장이 일어나지 않는 상황에서만 가능하므로 실현될 가능성이 상당히 낮다고 할 수밖에 없다. 탄소 감축을 위해 많은 국가가 노력하여 탄소 배출 요인을 줄이고 화석에너지를 재생에너지나 원자력으로 대체하고 있음에도 불구하고, 전 세계적으로 볼 때 최종 에너지 소비가 줄어들 가능성은 거의 없다. 유럽 국가를 중심으로 선진국들은 탄소 감축에 상당한 노력을 기울이고 있지만, 여전히 산업화를 서두르고 있는 개발도상국의 인구 증가와 경제 성장의 강한 의지를 고려할 때 넷제로 시나리오는 물론이고 최종 에너지 소비 감소를 전제로 하는 발표공약달성 시나리오도 달성하기 어려운 시나리오이다.

화석에너지 소비 추이 및 전망

다음 그래프는 Our World in Data, Primary Energy Consumption에 나와 있는 1800년부터 2021년까지 사용한 화석에너지, 즉 석유, 천연가스, 석탄의 소비량 추이와 IEA가 제공한 세 가지 시나리오에 의한 화석에너지 소비 전망을 함께 보여준다. IEA가 제시한 세 가지 시나리오 중 넷제로 시나리오에서는 화석에너지 소비량이 2021년 대비 2050년에 80%나 줄어들며, 발표공약달성 시나리오에서는 50%, 이행가능정책 시나리오는 7% 줄어든다.[2]

그림 5-2 세계 화석에너지 소비 추이 및 전망

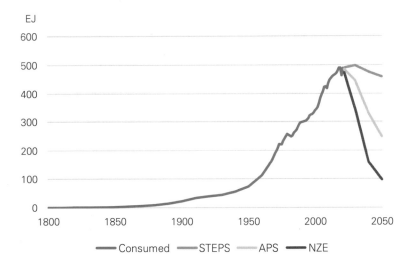

출처: Our World in Data
IEA, World Energy Outlook 2022

2021년 화석연료가 1차 에너지에서 차지하는 비율은 79%로서, 석유가 29%, 천연가스가 23%, 석탄이 27%이다. 탄소중립 달성을 위해서는 재생에너지 확대를 통해 화석에너지 소비를 획기적으로 줄여야 하는데, 인류가 사용하는 1차 에너지 전체의 79%를 차지하는 화석에너지를 재생에너지로 대체하여 과연 얼마나 줄일 수 있을까?

재생에너지 확대 가능성

그림 5-3 1차 에너지 에너지원별 비율

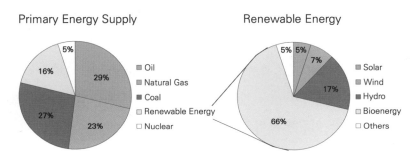

Primary Energy Supply   Renewable Energy

출처: IEA, World Energy Outlook 2022

  우리가 자연으로부터 얻는 다섯 가지의 1차 에너지 중 재생에너지가 차지하는 비율은 16%이다. 재생에너지를 구성하는 에너지원별 비율을 보면 가장 높은 비율을 차지하는 것은 바이오에너지이고, 그다음이 수력 이며, 풍력은 7%, 태양광은 5%이다. 1차 에너지의 16%인 재생에너지 에 너지원별 비율에서 태양광과 풍력을 합한 비율이 12%이므로, 전체 1차 에너지에서는 태양광과 풍력이 차지하는 비율이 2%가 채 되지 않는다.

  재생에너지의 가장 큰 부분을 차지하고 있는 바이오에너지는 생물자 원을 연료로 하여 얻는 에너지로서 햇빛을 화학에너지 형태로 저장한 유기물을 연소하는 과정에서 발생하는 에너지이다. 전통적으로는 주로 나무를 장작으로 사용하거나 동식물에서 추출한 기름을 사용하였으며, 최근에는 우드칩이나 우드펠렛으로 사용하기 쉽게 만들기도 하고, 바이 오에탄올이나 바이오디젤로 만들어 수송 연료로 쓰기도 한다.

  생물은 태양에너지를 받아 성장할 수 있으므로 화석에너지와 같이 소멸하는 에너지가 아니라 재생하는 에너지임은 분명하다. 그런데, 바이오에너지가 친환경 에너지이냐에 대해서는 의견이 분분하다. 바이오에너지는 탄소가 주성분인 유기물을 태우는 것이므로 연소과정에서 당연히 이산화탄소가 배출된다. 바이오에너지가 친환경이라는 주장의 근거는 바이오에너지의 원료인 식물이 자라는 동안 광합성 과정에서 이산화탄소를 흡수하므로 연소과정에서 발생하는 이산화탄소와 상쇄되어 순배출이 줄어든다는 것이다. 이러한 이유로 IEA에서 바이오에너지를 친환경 에너지로 인정하고 있으며, BECCS(Bioenergy with CCS), 즉 연소하는 과정에서 나오는 이산화탄소를 탄소포집저장(Carbon Capture and Storage, CCS)으로 처리한 바이오에너지를 탄소중립의 방안에 포함하고 있다.

그러나 광합성 과정에서 식물이 흡수하는 이산화탄소가 에너지 연소과정에서 발생하는 이산화탄소와 같은 양이라는 것에 대해서는 의문을 제기하는 학자들이 있다.[3] 또한 식물을 바이오에너지 형태로 만드는 데 많은 에너지가 소모되며, 에너지 시장에서 필요로 하는 바이오에너지 생산용 식물을 재배하기 위해 산림을 파괴하여 이산화탄소 순배출을 증가시키는 역효과도 나타날 수 있다는 것이다. 이러한 이유로 전 세계 과학자와 경제학자 500명이 "바이오에너지는 친환경이 아니니 각국 정부가 지원을 중단하라"는 공동성명을 내고 주요국 정상에게 이러한 취지의 성명서를 보내기도 했다.[4] 한편에서는 바이오에너지를 위해 식물을 사용하다 보면 식량 위기가 올 수 있다는 지적도 있다.

수력은 재생이 가능한 에너지이며 친환경 에너지인 것은 틀림없지만 확장이 쉽지 않다. 전기가 발명된 이래부터 활용되기 시작한 수력발전은 전 세계에서 지형적으로 수력발전이 가능한 대부분 지역에서는 이미 수력발전소가 가동되고 있어 수력발전이 확장될 가능성은 크지 않다.

1차 에너지 중 재생에너지가 차지하는 비율은 16%이지만, 친환경이며 확장이 가능한 태양광과 풍력이 1차 에너지에서 차지한 비율이 2%가 채 되지 않는데, 이러한 태양광과 풍력을 확장하여 1차 에너지의 79%를 차지하는 화석에너지를 대체할 수 있느냐는 것이다. 태양광과 풍력과 같은 재생에너지는 전기만을 생산할 수 있는 에너지인데 인류가 필요로 하는 에너지는 전기 외에도 수송 연료나 석유화학과 제철 과정의 원료 등 다양한 용도로 쓰인다. 게다가 태양광과 풍력은 지속해서 전기를 생산할 수 없는 간헐성의 문제점을 안고 있으며 전기는 저장이 어려워 태양광과 풍력의 대폭 확장에는 한계가 있어 화석에너지 사용을 줄일 수는 있겠지만 대체하기는 어려워 보인다.

IEA의 에너지 전망

IEA가 제시한 탄소 감축 시나리오 중 그나마 현실에 가장 가까운 것으로 보이는 이행가능정책 시나리오에 의하면, 전 세계 1차 에너지 공급량은 2021년 624 엑사줄에서 2050년 740 엑사줄로 18% 증가한다. 화석에너지, 즉 석탄·석유·천연가스를 합한 양은 2021년 공급량 494 엑사줄로 1차 에너지의 79%를 차지하였는데, 2050년에 그 공급량이 459 엑사줄로 2021년 대비 7% 줄어들지만, 여전히 1차 에너지의 62%를 화석에너지가 차지한다.[5]

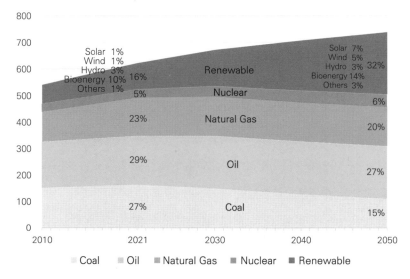

그림 5-4 세계 1차 에너지 전망(IEA, STEPS 기준)

출처: IEA, World Energy Outlook 2022

화석에너지가 2021년 대비 2050년에 감소하는 것은 석탄의 비중이 대폭 감소하기 때문이다. 탄소 배출에 가장 큰 영향을 미치는 석탄 공급량이 큰 폭으로 줄어들며 1차 에너지에서의 그 비율도 2021년 27%에서 2050년 15%로 줄어든다. 그런데, 특이한 점은 IEA의 World Energy Outlook 2022 보고서 장기 전망에서는 석탄 수요가 2021년 이후부터 감소할 것으로 되어있지만, IEA Coal 2022 보고서 단기 전망에서는 석탄 수요가 2025년까지 줄지 않는다.[6] 중국을 비롯한 아시아 국가에서의 수요 증가로 인해 2021년 석탄 수요는 역대 최대량인 79억 2,900만 톤에 이르고 2022년에는 80억 톤을 돌파하는 것으로 되어있다.

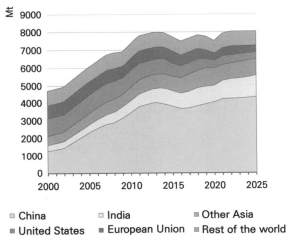

그림 5-5 세계 석탄 수요 전망

Global coal consumption, 2000–2025

Mt
9000
8000
7000
6000
5000
4000
3000
2000
1000
0

2000 2005 2010 2015 2020 2025

□ China   □ India   ■ Other Asia
■ United States   ■ European Union   ■ Rest of the world

출처: IEA, Coal 2022

    2021년 1차 에너지의 29%를 차지하는 석유의 공급량은 계속 증가면서 2040년에 정점을 보인 후 거의 정체 상태를 보여, 2050년에는 2021년 대비 소폭 늘어나게 된다. IEA의 이행가능정책 시나리오에서는 천연가스의 공급량이 2021년 대비 2050년에 거의 증가하지 않는 것으로 나타나며 1차 에너지에서의 비율이 줄어드는 것으로 나타난다. 그러나, 전 세계적으로 가스발전이 증가 추세에 있는 것을 고려할 때 이는 지나치게 적게 전망된 값이다. 뒤에서 언급할 가스수출국기구와 Shell의 자료에서는 천연가스 수요가 향후 상당히 큰 폭으로 증가함을 분명히 보여주고 있다.

    재생에너지는 대폭 늘어나, 2021년 1차 에너지에서 차지하는 비율 16%에서 2050년 32%로 늘어나며, 그중 태양광과 풍력의 비율이 2%

에서 12%로 가장 큰 증가세를 보인다. 원자력을 통한 에너지 공급량은 2021년 대비 2050년 50% 이상 증가하지만 1차 에너지 전체 공급량이 증가하므로 1차 에너지에서 차지하는 비율은 2021년 4.8% 대비 2050년에 6.1%로 1.2%로 소폭 증가한다.

미국 에너지정보청의 에너지 전망

미국과 전 세계 에너지 정보를 수집하여 제공하는 미국 에너지정보청(US EIA)의 자료에서는 에너지 단위를 쿼드릴리언(quadrillion) BTU로 표시하고 있는데, 쿼드릴리언은 10^{15}이며 1 BTU는 1,055 줄에 해당한다. 이해를 돕기 위해, 여기서는 에너지정보청의 자료를 IEA 보고서에서 사용하는 엑사줄 단위로 전환하여 표시하였다. 에너지정보청 전망 중 Reference Case, 즉 현재의 여러 가지 상황을 충분히 반영한 경우의 전망으로는 세계 1차 에너지 수요가 2020년 644엑사줄에서 2050년 935 엑사줄로 2020년 대비 무려 45%나 증가한다.[7] 이는 비OECD 국가, 특히 아시아권에서의 인구 증가와 경제 성장으로 인해 에너지 소비가 급증하기 때문이며, OECD 국가에서도 1차 에너지 수요가 줄지 않고 소폭이나마 증가한다. 에너지정보청 보고서에서는 '1차 에너지 수요량'이라고 표현했는데, 1차 에너지 공급량과 수요량은 같으므로, 국제에너지기구가 말하는 '1차 에너지 공급량'과 같은 의미이다.

1차 에너지원별 전망을 보면(두 번째 그림) 재생에너지가 대폭 증가하지만, 석유와 천연가스 수요도 상당 폭으로 증가하며, 석탄 수요는 감소했다가 2030년 이후 다시 소폭 증가한다. 여기서 주목할 점은 미국 에너지정보청의 자료에서는 2050년에 가서도 석탄 수요가 국제에너지기구의 전망과는 달리 그다지 줄지 않는다는 것이다. 전력 사용이 계속해서 늘어나는 데 비해, 유럽이나 북미 선진국 외의 나라에서는 재생에너지나 원자력의 확대가 충분하지 못하므로 석탄 사용이 쉽게 줄지 않는 것으로 보고 있다.

석유와 천연가스 수요가 증가하며 석탄 수요도 거의 감소하지 않으므로 2050년에 화석에너지 수요는 2020년 대비 27% 증가하며, 세 번째 그림에서 보는 바와 같이 1차 에너지에서 화석에너지가 차지하는 비율이 2050년에 소폭 감소했지만, 여전히 70%에 이르는 것으로 나타났다.

그림 5-6 세계 1차 에너지 전망(미국 EIA)

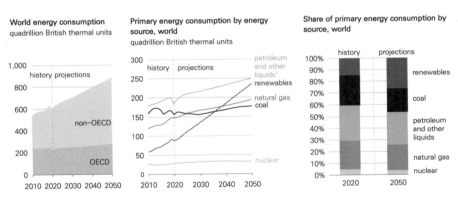

출처: U.S. EIA, International Energy Outlook 2021, Reference case

탈화석에너지가 가능한가?

미국 에너지정보청 Reference Case에서는 화석에너지가 2050년에 감소하는 것이 아니라 2020년 대비 오히려

27%나 증가하며, 1차 에너지에서 화석에너지가 차지하는 비율은 70%를 점할 것으로 전망하였다. IEA 시나리오 중 실현이 가능한 이행가능 정책 시나리오에서는 2021년 대비 2050년에 화석에너지가 7% 감소하지만, 2021년에 1차 에너지의 79%를 차지하는 화석에너지가 2050년에 여전히 62% 비율을 차지하고 있다.

재생에너지가 대폭 확대되고 있으나 재생에너지 중 태양광과 풍력만이 큰 폭으로 확장이 가능한데다, 재생에너지는 인류가 필요로 하는 다양한 에너지 중 전기에너지만 생산할 수 있다. 발전 외에도 수송 연료나 석유화학 원료, 제철용 원료 등 다양한 용도로 활용되고 있는 화석에너지의 활용도와 쉽게 줄지 않는 화석에너지 수요를 고려하면 재생에너지 확대를 통한 탈화석에너지는 실현하기 매우 어려운 목표라고 하지 않을 수 없다.

탈화석에너지는 가능한가?

화석에너지를 최대한 줄여야겠지만 1차 에너지의 79%를 차지하는 화석에너지 수요가 쉽게 줄지 않으므로, 화석에너지를 전혀 쓰지 않는다는 탈화석에너지는 현실적으로 실현하기 어려운 목표이다.

미래는 전기시대가
될 것인가?

CHAPTER 06

미래는 전기시대가 될 것인가?

최종 에너지 소비에서의 전기의 비율

자연으로부터 얻은 1차 에너지를 일부 직접 쓰는 예도 있지만, 대부분은 전기나 수송 연료 등 2차 에너지로 전환하여 사용하게 된다. 우리가 마지막 단계에 소비하는 에너지를 최종 에너지라고 하며, 최종 에너지를 쓰는 주체는 산업체가 38%, 수송 분야가 26%, 주거와 서비스 등 건물에서 사용하는 것이 30%, 기타 6%이다.[1]

최종 단계에서 소비되는 에너지 형태는 전기 20%, 석유 38%, 천연가스 16%, 석탄 12%, 바이오에너지 10%, 난방과 기타 4%이다. 여기에서 말하는 석유, 천연가스, 석탄은 전기를 만드는 에너지 변환용 연료로 중간 단계에서 사용되는 것이 아닌 최종 소비 단계에서 사용되는 에너지를 말하는 것이다. 석유는 수송 연료와 석유화학의 원료로, 천연가스는 건물에서의 난방과 취사 연료와 수송 연료로, 석탄은 제철 과정의 원료와 건물에서의 연료로 사용되는 것이다.

그림 6-1 최종 에너지 소비 현황

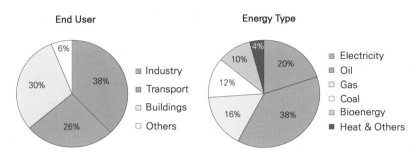

출처: IEA, World Energy Outlook 2022

우리가 마지막 단계에서 소비하는 에너지 중 전기 형태로 쓰는 에너지는 20%를 차지하는 데 그친다. 주목해야 할 점은 탄소 감축을 위해 집중적으로 확대해야 할 태양광과 풍력은 물론이고 원자력 또한 최종 에너지 소비의 20%에 해당하는 전기만을 만드는 에너지라는 것이다.

국제에너지기구의 탄소 감축 시나리오 중 이행가능정책 시나리오와 발표공약달성 시나리오에서의 최종 에너지에 대한 미래 전망은 어떠할까?

그림 6-2 최종 에너지 소비 전망

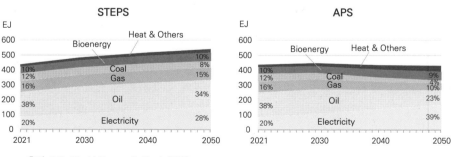

출처: IEA, World Energy Outlook 2022

현재 에너지 상황을 가장 잘 반영하여 전망한 이행가능정책 시나리오에 의하면 2050년 전기의 비율이 최종 에너지 소비의 28%로 늘어나며, 전 세계 모든 정부가 약속한 공약을 주어진 기한 내에 완벽하게 수행했을 때의 시나리오인 발표공약달성 시나리오에서는 2050년 전기가 차지하는 비율이 39%로 늘어난다.[2] 태양광과 풍력을 아무리 확대해도 우리가 사용하는 에너지의 28%~39%인 전기를 만드는 데만 쓰이며, 전기 외 나머지 61%~72%의 에너지는 전기가 해결할 수 없는 다른 에너지 형태로 소비된다는 것이다.

미래를 얘기하는 사람 중에는 미래 세계에서는 대부분 에너지를 재생에너지로 만드는 전기로 사용하게 될 것이라고 말하는 사람을 종종 본다. 그러나, 2050년이 되어도 여전히 전기로 해결될 수 없이 최종 단계에서 석유, 천연가스, 석탄의 형태로 사용되는 에너지가 훨씬 더 많다는 것을 국제에너지기구의 자료가 보여주고 있다.

최종 에너지 소비에서 눈여겨보아야 할 점이 있다. 2021년 인류가 자연으로부터 얻은 1차 에너지 총량은 624 엑사줄인데 최종 에너지 소비 총량은 439 엑사줄로 에너지 총량이 30% 줄어든 것이다. 이는 1차 에너지를 2차 에너지로 변환하는 과정에서 에너지 손실이 발생했기 때문이다. 원유를 석유제품으로 정제하는 과정에서도 에너지 손실이 일어나지만 에너지 변환 과정에서 가장 에너지가 많이 소모되는 것이 전기에너지를 만드는 과정이다. 우리가 편리하게 쓰는 전기이니만큼 그 대가를 치른다는 것이다.

에너지 믹스

에너지 믹스(Energy Mix)란 에너지源을 다양하게 한다는 의미로서 자연으로부터 얻는 5가지의 1차 에너지인 석탄, 석유, 천연가스, 원자력, 재생에너지를 어느 한쪽에 치우치지 않고 다양한 에너지원으로 활용하겠다는 것이다. 그런데, 우리나라에서는 에너지 믹스라는 용어가 1차 에너지가 아닌 발전 에너지원의 다양화라는 의미로 잘못 쓰여, 미래에는 재생에너지가 전체 에너지의 70~80%를 차지하는 것으로 오해되고 있다. 에너지 믹스는 전체 1차 에너지에서 각각의 에너지원이 차지하는 비율을 말하며, 발전에서 각각의 에너지원이 차지하는 비율은 파워 믹스(Power Mix)라고 하므로, 에너지 믹스와 파워 믹스를 구분해서 사용해야 한다.

2021년 기준으로 에너지원별 전기를 생산하는 발전량 비율 즉, 파워 믹스를 보면 석탄이 36%로 가장 높은 비율을 차지하고 있고, 천연가스가 23%, 원자력이 10%이며 석유는 2%에 불과하다. 여러 재생에너지를 합한 것이 발전 에너지원의 29%를 차지하는데 수력 비율이 15%로 가장 높으며 태양광이 4%, 풍력이 7%를 차지하고 있다.[3]

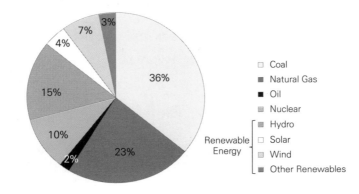

그림 6-3 발전에서의 에너지원별 비율

- □ Coal
- ■ Natural Gas
- ■ Oil
- ▨ Nuclear
- Renewable Energy
  - ▨ Hydro
  - □ Solar
  - ▨ Wind
  - ■ Other Renewables

36%
23%
2%
10%
15%
4%
7%
3%

출처: IEA, World Energy Outlook 2022

1차 에너지에서의 태양광과 풍력의 비율

국제에너지기구가 전망한 이행가능정책 시나리오(STEPS)에 의하면 2050년에 발전에서 재생에너지가 차지하는 비율은 66%이다. 이것을 잘못 이해하는 많은 이들이 2050년에는 태양광과 풍력을 활용한 재생에너지가 에너지 전체의 66%를 차지할 것으로 오해한다. 첫 번째 오류는 태양광과 풍력 같은 재생에너지는 최종 에너지 소비의 20%에 불과한 전력을 생산하는 데만 쓰이는 에너지이며, 향후 전기 소비가 증가한다고 해도 2050년 에너지 소비에서 전기가 차지하는 비율은 이행가능정책 시나리오에서는 28%에 그친다는 것이다. 두 번째 오류는 태양광과 풍력이 재생에너지를 대표하고 있지만, 실제로 재생에너지 중에서 태양광과 풍력이 발전에서 차지하는 비율은 현재 11%에 불과하며, 2050년에 이행가능정책 시나리오에서는 46%로 증가한다는 것이다.

따라서, 아래 표에서 보는 바와 같이 발전에서 재생에너지가 차지하는 비율이 현재 29%에서 2050년에 66%를 차지하지만, 인류가 자연으로부터 얻는 1차 에너지에서 태양광과 풍력이 차지하는 비율은 현재 2%에서 2050년 12%로 증가하는 데 불과하다는 것을 알 수 있다.

표 6-1 재생에너지와 원자력이 차지하는 비율

ITEM		2021	2050 (STEPS)
발전에서의 비율	재생에너지	29%	66%
	(태양광/풍력)	11%	46%
	원자력	10%	9%
최종 에너지 소비 중 전기의 비율		20%	28%
1차 에너지에서의 비율	재생에너지	16%	32%
	(태양광/풍력)	2%	12%
	원자력	5%	6%

출처: IEA, World Energy Outlook 2022

원자력의 비율

재생에너지에 대해 지나친 기대를 하는 것 못지않게 앞으로의 에너지 문제를 원자력으로 해결할 수 있다는 잘못된 믿음을 가지는 이들도 상당히 있다. 원자력 또한 재생에너지와 마찬가지로 전기를 생산하는 에너지이므로 전기의 비율이 높아짐에 따라 현재 1차 에너지에서 차지하는 비율이 5%인 원자력의 비율이 2050년에 6%로 증가한다.

우리나라의 경우 원자력이 발전에서 차지하는 비율이 2021년 발전량을 기준으로 27%로서 전 세계 평균 10%에 비해 상당히 높은 편이며 1차 에너지에서 원자력이 차지하는 비율도 11%로 전 세계 평균 5%의 2배 이상 높다.[4] 전기의 비율이 높아짐에 따라 우리나라에서는 원자력이 1차 에너지에서 차지하는 비율이 2050년에 증가할 가능성은 충분히 있다. 그러나, 원자력발전 신규 건설 시의 주민 수용성 문제와 고준위 핵 폐기물 처리 문제가 우선 해결되어야 하므로 원자력을 대폭 확대하는 데는 한계가 있으며, 원자력은 전기 생산만을 위한 에너지이므로 2050년에 원자력이 1차 에너지에서 차지하는 비율이 상당 폭으로 확대되기는 어려워 보인다.

미래는 전기시대가 될 것인가?

최종 에너지 소비에서 전기가 차지하는 비율이 현재 20%에서 28%로 증가하며 실현 가능성이 희박한 발표공약 달성 시나리오에서도 39% 증가하는 데 그친다. 최종 소비 단계에서 전기 외의 형태로 사용되는 에너지 비율이 훨씬 높다는 것이다.

미래에는 재생에너지와 원자력으로 에너지 문제를 해결할 수 있다고 믿는 이들이 상당히 있다. 2021년 기준으로 재생에너지(16%)와 원자력(5%)의 합계가 1차 에너지에서 차지하는 비율이 21%이며 이행가능정책 시나리오에 의하면 2050년에 이 둘의 합계가 38%로 증가한다. 전기를 생산할 수 있는 재생에너지와 원자력을 대폭 확대하더라도 1차 에너지 중 재생에너지와 원자력 외의 다른 에너지, 즉 화석에너지의 비율이 훨씬 높다는 것이다.

우리나라의 경우 2021년 기준으로 1차 에너지에서의 원자력 비율이 11%로 세계 평균 5%에 비해 높지만, 재생에너지가 1차 에너지에서 차지하는 비율이 5%로 세계 평균 16%에 비해 매우 낮은 비율이므로, 재생에너지와 원자력의 합이 1차 에너지에서 차지하는 비율이 현재는 세계 평균 21%에 못 미치는 16%이다. 우리나라의 자료에서는 2050년 에너지 전망이 나와 있지 않는데, 정부와 국민 모두의 엄청난 노력으로 획기적인 에너지 전환이 이루어지지 않는 한, 재생에너지와 원자력을 합하여 2050년 세계 평균 38%에 도달하기 쉽지 않으리라 예상된다.

화석에너지 수요를 줄이기 위해 태양광과 풍력으로 대표되는 재생에너지를 최대한 확대하고 원자력발전 또한 확대하여 전기에너지 공급을 최대한 늘려야 하겠지만, 2050년이 되어도 전기에너지가 최종 에너지 소비에서 차지하는 비율은 28%~39%에 그친다. 재생에너지와 원자력을 대폭 확대한다고 하더라도 인류가 필요로 하는 모든 에너지를 전기화하기는 매우 어려운 일이며, 수송 연료와 석유화학 원료 등 최종 단계에서 전기 외의 에너지로 사용되는 것이 60% 이상이다.

미래는 전기시대가 될 것인가?

최종 에너지 소비에서 전기가 차지하는 비율이 2050년에 28~39%에 그치므로, 재생에너지와 원자력발전이 대폭 확대되어도 우리가 사용하는 최종 에너지의 60% 이상은 전기로 전환될 수 없는 다른 형태의 에너지이다.

석유 수요는
줄어들 것인가?

석유 수요는 줄어들 것인가?

석유의 용도

　　　오늘날 지구상의 인류는 하루 약 1억 배럴의 석유를 소비하고 있다. 석유는 인류가 자연에서 얻는 1차 에너지 중 가장 큰 비중을 차지하면서 수송 연료와 석유화학 원료를 비롯하여 산업과 생활 곳곳에서 쓰이고 있다. 석유 수요의 절반 이상이 수송 연료로 사용되고 있다. 도로 수송, 즉 승용차·트럭·버스의 연료로 45%가 쓰이며, 항공기·선박·철도의 연료로 12% 쓰이고 있다. 석유화학 원료로 14% 쓰이며, 그 밖에 산업용으로 13% 쓰인다. 석유 수요 중 발전으로 쓰이는 것은 5%에 불과하다.

그림 7-1 석유의 용도

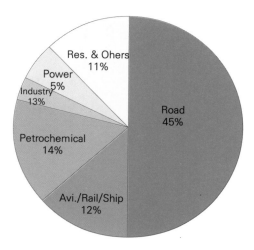

출처: OPEC, World Oil Outlook 2022

석유를 연소할 때 발생하는 이산화탄소가 석탄 다음으로 많이 발생하므로 석유 수요를 얼마나 줄일 수 있느냐가 탄소 감축에 대단히 중요한 요소이다. 그런데, 석유가 발전용으로 쓰이는 것은 5%에 불과하므로, 발전용 에너지가 대부분인 재생에너지의 확대가 석유 수요 감소에 미치는 영향은 크지 않다. 독일의 경우 2009년 발전에서 18%를 차지하는 재생에너지 비율이 2019년 거의 50%로 늘었으나 석유 수요는 2.9% 감소에 그쳤으며, 영국도 2009년 대비 재생에너지가 5배 증가하였으나 석유 수요 감소는 5.5%에 그쳤다.[1] 석유 수요를 줄이기 위해서는 무엇보다도 석유 수요의 절반 이상을 차지하고 있는 수송 연료로서의 수요를 줄이는 것이 필요하다.

전기차 증가와 석유 수요

선진국을 중심으로 전기차 수요가 빠른 속도로 증가하고 있다. 유럽 자동차 회사들이 앞다투어 내연기관 자동차 생산을 중단하고 전기차만을 생산하겠다고 하고 EU가 2035년부터 내연기관 신차 판매를 금지하겠다고 하였으며,[2] 미국 정부는 2032년까지 신차의 2/3를 전기차로 생산하겠다고 발표했다.[3] 자동차 회사들이 지금보다 전기차 생산을 대폭 늘린다고 하니 앞으로 모든 자동차가 전기차로 바뀔 것이고 심지어는 비행기나 배도 전기로 다니는 세상이 올 거라는 희망을 품기도 한다. 그러나 신차를 전기차로 대체한다고 해도 자동차 시장 전체에서 전기차가 차지하는 비율은 그리 많이 높아지지 않는다.

OPEC 보고서에 의하면, 현재 1,500만 대인 전기차는 2030년 1억 6,300만 대, 2045년 5억 3,800만 대로 증가할 것으로 전망된다.[4] 그런데, 전기차 생산을 2030년까지 10배, 2045년까지 35배로 급속도로 늘여도 전체 자동차 시장에서의 전기차의 점유율은 2021년 1%에서 2030년 6%, 2045년 21%로 증가하는 데 그친다.

그림 7-2 세계 자동차 시장 전망

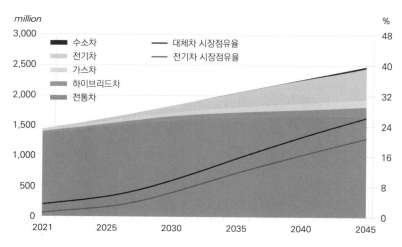

출처: OPEC, World Oil Outlook 2022

도로 수송 중 승용차 부문에서는 향후 전기차가 빠른 속도로 내연기관 자동차를 대체하겠지만 버스와 트럭 등 상용차 부문에서는 배터리 용량 문제로 단거리용을 제외하고는 전기차로 쉽게 대체되지 못하고 있다. 또한 승용차 부문에서도 개발도상국에서는 경제적인 이유와 전기차 충전 인프라의 부족으로 전기차의 확대 속도가 그리 빠르지 않을 것이다. 도로 수송에서 2021년 95%를 차지하는 내연기관 자동차의 점유율이 2045년에 73%로 감소하는데, 승용차는 70%로 감소하나 상용차는 여전히 90%를 유지할 것으로 OPEC은 예상한다.

전기차가 최근에 주목받고 있으나 전기차는 내연기관 자동차보다 62년 앞선 1832년 최초로 개발되었으며, 20세기 초 발명왕 에디슨이 전기차를 생산하여 포드의 내연기관 자동차와 경쟁하기도 했다.[5] 최초의 전기차는 충전의 번거로움과 배터리의 무게로 내연기관 자동차와의 경쟁에서 밀려 사라졌다가 최근에 다시 등장하게 된 것이다. 오늘날 전기차의 이러한 단점을 많이 보완하였지만, 100년이 지난 지금도 전기차가 가지고 있는 단점을 완벽히 극복하지 못하고 있다.

승용차 부문에서는 개발도상국에서 전기차를 선호할 수 있을 만큼 얼마나 경제성을 확보하고 충전 인프라가 확보될 것인가가 관건이며, 상용차 부문에서는 배터리 성능을 얼마나 개선해서 장거리 운행이 가능할 것인가에 따라 도로 수송 부문 전기차 점유율 상승 정도가 결정될 것이다.

전기차가 2045년에 5억 3,800만 대로 35배 증가하는 데 대해서도 의문을 제기하는 시각이 있다. 전 세계적으로 리튬, 코발트, 니켈, 마그네슘, 희토류 등 배터리 재료인 광물자원을 확보하기 위해 치열하게 경쟁하고 있는 상황에서 배터리 공급이 충분할 것인가에 대한 우려가 있다.

OPEC의 전망에 의하면, 2045년에 전기차 생산이 35배 증가하여 시장 점유율이 21%일 경우 내연기관 자동차를 전기차로 대체함에 따라 석유 수요는 770만 배럴 감소한다. 그런데, 전체 차량 수가 2021년 14억 대에서 2045년 19억 대로 증가함에 따라 석유 수요는 1,150만 배럴 증가하게 되어 2045년 도로 수송 부문에서 석유 수요는 감소하는 것이 아니라 오히려 380만 배럴 증가한다. 전기차의 폭발적인 증가세에도 불구하고 도로 수송 연료로서의 석유 사용은 2021년 하루 평균 4,320만 배럴에서 2045년 4,700만 배럴로 소폭 증가한다.

항공기·선박 연료와 석유화학 원료로서의 석유

그나마 도로 수송 부문에서는 승용차를 위주로 전기차로 어느 정도 전환되어 석유 수요 증가가 완화되지만, 항공기 연료로서의 석유가 다른 연료로 대체될 가능성은 매우 희박하여 항공기 수송용 석유 수요는 계속 증가할 수밖에 없다. 비행기의 제트엔진은 고온, 고압의 가스를 고속으로 분출시킬 때 나오는 반작용으로 추진하는 엔진으로서 항공유라는 고가의 석유를 사용한다. 전기를 동력으로 이용하는 비행기가 최근 개발되고 있으나, 배터리 용량 문제로 소형 비행기만 가능하다. 항공기 연료로서의 석유를 대체할 연료는 극히 일부 사용되는 바이오연료를 제외하고는 없으며, 가까운 시일 내에 석유를 대체할 다른 항공기 연료가 개발될 가능성은 거의 없다고 할 수 있다.

선박의 경우에는 국제해사기구에서 2020년 이후 선박의 황 함유량을 기존 3.5% 이하에서 0.5% 이하로 낮추기로 하여, 중질의 석유인 벙커C유를 연료로 사용하는 선박이 LNG를 연료로 하는 선박으로 대체되고 있다. 신규 컨테이너선과 유조선을 중심으로 LNG 추진선으로 교체되고 있지만, 아직은 대형 선박 위주로 교체되고 있어 LNG가 선박 연료로서의 석유를 대체하기에는 상당한 시간이 걸릴 것이다.

석유화학 원료로서의 석유는 더욱 대체 불가능하다. 석유를 정제하는 과정에서 나오는 나프타(Naphtha)를 소재로 한 석유화학 제품이 우리 생활 곳곳에 쓰이고 있다. 모든 플라스틱과 비닐 제품을 비롯한 각종 생활용품과 가전제품, 우리가 입는 의복의 원료가 석유이며, 최근에는 가벼우면서도 강한 탄소 섬유가 자동차, 선박, 항공기 등에 다양하게 사용되고 있다. 인류의 생활 자체가 탄소 소재 제품 없이는 살 수 없는 상황이 되어 버렸다. 연료로서의 석유는 그나마 전기차나 LNG 선박 등으로 수요가 일부 대체될 수 있지만 석유화학 원료로서의 석유는 대체 불가능하다. 탈석유를 주장하는데, 석유에서 만들어지는 탄소 소재 제품 없이 지구상에서 문명생활을 유지할 수 없는 상황이 되어 버렸다.

OPEC의 전망에 의하면, 도로 수송 부문에서는 전기차의 증가로 석유 수요가 소폭 증가하는 데 그치지만, 항공기·선박·철도용 연료 소비는 2021년 1,130만 배럴에서 2045년 1,630만 배럴로 소비량이 무려 44% 증가하며, 석유화학 등 산업 부문 수요도 2021년 2,660만 배럴에서 2045년 3,080만 배럴로 16% 증가한다.[6] 세계 인구가 증가하고 생활 수준이 높아짐에 따라 항공기와 선박 이용은 당연히 늘어날 수밖에 없고, 우리 생활 곳곳에 널리 쓰이고 있는 탄소 소재 제품을 생산하는 석유화학 분야 수요도 계속 늘어날 것이다.

그림 7-3 세계 석유 수요 전망(부문별) - OPEC

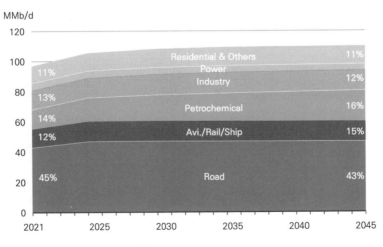

출처: OPEC, World Oil Outlook 2022

석유 수요 증가에 대해 소극적 입장인 IEA 보고서에서도 항공기, 선
박 연료와 석유화학 등 산업체에서의 석유 수요가 증가한다는 데 이의
가 없다. 아래 그림에서 보는 바와 같이 항공기와 선박 연료(Transport 회
색)의 수요가 2021년 대비 2030년에 이행가능정책 시나리오(STEPS)는 물
론이고 발표공약달성 시나리오(APS)에서도 증가한다. 석유화학(Industry and
energy production 첫부분 파란색) 수요는 2021년 대비 2030년에 이행가능정책
시나리오와 발표공약달성 시나리오, 심지어는 넷제로 시나리오(NZE)에서조
차도 증가하는 것을 보인다.[7]

그림 7-4 시나리오별 세계 석유 수요 전망 - EIA

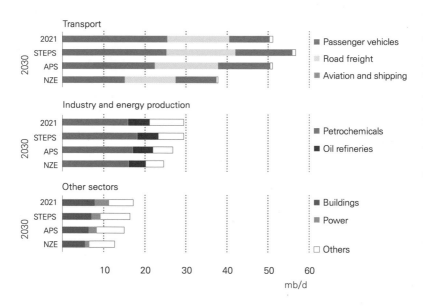

출처: IEA, World Energy Outlook 2022

세계 석유 수요 전망

전기차 수요가 승용차 부문에서는 선진국을 중심으로 폭발적으로 늘어나도 개발도상국에서는 확장이 급속도로 진행되기 어렵다. 상용차는 배터리 용량 문제로 확장에 한계가 있어 상용 전기차가 시장 점유율에서 차지하는 비율은 빠른 속도로 올라가지 않고 있다. 그리고, 도로 수송 외의 수송 분야는 다른 에너지로 대체하기가 아주 어렵고, 석유화학 등 산업체에서의 수요는 다른 에너지로의 대체가 아예 불가능하고, 그 수요가 꾸준히 증가하고 있어 전체 석유 수요는 쉽게 감소하지 않을 것이다.

IEA의 석유 수요 전망 중 발표공약달성 시나리오에서는 2030년 이후 석유 수요가 갑자기 감소하는데, 넷제로 시나리오는 말할 것도 없고 발표공약달성 시나리오도 실현될 가능성이 없다는 것을 여실히 알 수 있다. 실현 가능성이 있는 이행가능정책 시나리오에 의하면, 세계 석유 수요는 2040년경 정점을 보이며 그 이후 정체 상태를 유지하나 2050년에도 여전히 하루 소비량 1억 배럴 이상을 유지하는 것으로 되어있다.

특이한 점은 IEA의 2022년 World Energy Outlook 보고서의 이행가능정책 시나리오에서는 석유 수요가 서서히 증가하여 2030년에 1억 240만 배럴이 될 것으로 전망했는데, IEA의 2023년 1월 시장조사 보고서(Oil Market Report)에서는 2023년에 벌써 석유 수요가 역대 최대량인 1억 170만 배럴에 이를 것으로 전망하였다.[8] 시장조사에 의한 2023년 수요 예측량이 이행가능정책 시나리오의 2030년 수요 전망치에 이미 근접하고 있다는 사실이다. IEA의 석유 수요 전망에 있어서 발표공약달성 시나리오는 물론이고 이행가능정책 시나리오조차도 수요를 적게 예측했다는 것을 알 수 있다.

그림 7-5 세계 석유 수요 전망

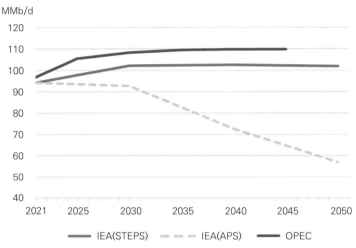

출처: IEA, World Energy Outlook 2022
OPEC, World Oil Outlook 2022

OPEC 전망에 의하면 세계 석유 수요는 꾸준히 증가하여 2045년
에 하루 소비량 1억 980만 배럴에 이를 것이라고 한다.[9] 한편, 미국 에
너지정보청이 2021년 발표한 자료에 의하면, 2050년 세계 석유 소비량
은 Reference Case로는 하루 1억 2,500만 배럴로 증가할 것이며, High
Economic Growth Case로는 1억 5,100만 배럴까지 증가할 수 있다고
하였는데, 이는 현재 하루 약 1억 배럴인 석유 소비량 대비 25%~50%
증가하는 것이다.[10]

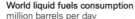
그림 7-6 세계 석유 수요 전망(U.S. EIA)

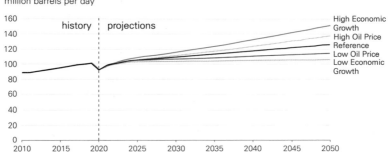

World liquid fuels consumption
million barrels per day

출처: U.S. EIA, International Energy Outlook 2021

OPEC과 미국 에너지정보청의 전망이나 IEA의 2023년 시장조사 보고서의 2023년 석유 수요 전망을 볼 때, 전 세계적으로 석유 소비를 획기적으로 줄이는 노력을 하지 않는 한, 2050년이 되어도 석유 수요가 감소할 가능성보다 증가할 가능성이 오히려 크다는 것을 알 수 있다.

석기시대와 석유시대

사우디아라비아의 석유장관을 1962년부터 1986까지 25년간 지낸 자키 야마니(Ahmed Jaki Yamani)가 "석기시대는 돌이 없어져서 끝난 것이 아니듯, 석유시대도 석유가 고갈돼서 끝나지는 않을 것이다."라는 말을 남겼다. 그는 OPEC을 창설한 인물로서 1차 석유파동을 일으킨 장본인이며 석유를 무기화하여 오늘날 중동 국가들이 부유한 산유국으로 발돋움하는 계기를 만든 사람이다. 석유 감산을 통해 유가를 폭등하게 했던 그였지만, 중동 산유국들이 계속해서 석유 감산을 통해 유가를 올리는 것을 시도하려고 하자, 석유 무기화를 계속하면 세계 경제가 침체하여 석유 소비가 줄어들 것이며, 석유 소비국들이 대체에너지 개발에 박차를 가해 궁극적으로는 산유국에 불리하게 될 것이라고 경고하는 의미에서 이 발언을 하게 되었다.

원자력발전과 재생에너지 발전이 전 세계적으로 확장되고, 수급 불균형으로 여러 차례 유가가 폭락하는 것을 본 많은 이들이 이 발언을 금과옥조로 삼아, 미래에는 대체에너지를 사용하고 석유를 쓰지 않는 날이 올 것이라고 얘기한다. 그러나 현실은 그렇지 않다. 전기차의 폭발적인 성장에도 석유 소비 감소는 미미하며, 향후 전기차의 점유율이 획기적으로 높아져서 석유 수요가 상당히 감소한다고 하더라도, 항공기 연료로서의 석유를 대체할 연료를 개발하기는 요원하며, 인류 생활 곳곳에 광범위하게 퍼져있는 온갖 탄소 소재 제품의 원료 역할을 하는 석유를 대체할 원료는 아직 발견하지 못하고 있다. 인류는 석유 없이는 생존할 수 없으며, 석유 소비는 쉽게 줄어들지 않는 것이 우리가 직면한 현실이므로, 소비량을 충족할 만큼 석유가 계속 공급되지 않는다면 인류문명에 큰 위기가 닥치게 될 것이다.

석유 수요는 줄어들 것인가?

재생에너지의 확대가 석유 수요에 미치는 영향은 미미하며, 전기차의 폭발적인 증가에도 불구하고 석유 수요가 증가할 요인이 더 많이 있으므로, 2050년이 되어도 석유 수요가 줄어들 가능성이 거의 없다.

천연가스 수요는
줄어들 것인가?

천연가스 수요는 줄어들 것인가?

천연가스 수요 현황

석유와 마찬가지로 탄소와 수소로 이루어진 탄화수소(Hydrocarbon) 화합물인 천연가스는 생성 과정이 석유와 거의 같다. 과거 지질시대에 살던 플랑크톤과 나뭇잎 같은 유기물이 지하 깊은 지층에 매몰되어 있으면서 고온, 고압에 의해 화학 변화를 일으켜 석유와 천연가스로 만들어진다. 애당초 천연가스로 만들어지는 예도 있지만 석유에서 고온, 고압 상태가 더 진행되면 천연가스로 만들어지기도 한다.

천연가스를 찾아내고 생산하는 것은 석유와 거의 같은 과정을 거친다. 인공으로 발사한 지진파가 지층의 경계면에서 반사되어 온 것을 분석하여 석유나 천연가스가 들어있을 가능성이 높은 유망구조를 찾아낸 후 시추를 통하여 부존 여부를 확인한다. 기체 상태인 천연가스가 들어 있는 지층은 그 상부나 하부의 지층에 비해 물리적 특성이 확연히 다르므로 액체 상태인 석유에 비해 다소 찾기가 유리한 장점이 있다.

천연가스는 기체로 되어있어 가스관을 통해 수송할 수 있으므로 이전에는 천연가스는 인근에 수요처가 있는 경우에만 개발할 수 있었다. 그러다가 천연가스를 액화할 수 있는 기술이 개발되고 -165°C에서 액화된 LNG(Liquefied Natural Gas)를 초저온 상태로 유지하며 운반할 수 있는 LNG 수송선이 개발되면서, 천연가스를 원유처럼 선박을 통해 수송할 수 있게 되어 천연가스 생산과 소비가 급증하였다. 석탄은 물론이고 석유에 비해서도 이산화탄소를 비롯한 공해 물질이 적게 배출되는 천연가스는 청정연료로 인식되면서 최근 들어 수요가 더욱 늘어나는 추세이다.

석유 메이저사 BP의 통계 자료에 의하면, 1965년 연간 수요 6,300억 세제곱미터였던 천연가스 수요는 2020년 팬데믹 때 일시적으로 줄어들었다가 2021년에는 팬데믹 이전 2019년보다 1,312억 세제곱미터 늘어난 역대 최대 수요량인 4조 3,075억 세제곱미터를 보인다.[1] 석유의 수요량은 다음 그림의 오른쪽 축에 보이는 대로 단위를 통상적으로 백만 배럴/일(Million barrels per day, mb/d)로 표현하는 데 비해, 천연가스 수요량은 연간 단위로 표현하며 왼쪽 축의 단위는 십억 세제곱미터(Billion Cubic Meter, BCM)이다. 2000년 이후 천연가스 수요는 연평균 6%로 석유의 수요 증가보다 빠른 속도로 증가하였으며, 다음 그림에서 보는 바와 같이 석유와 달리 2020년 팬데믹 때에도 천연가스 수요는 소폭 감소하는 데 그쳤다.

그림 8-1 세계 천연가스와 석유 수요 추이

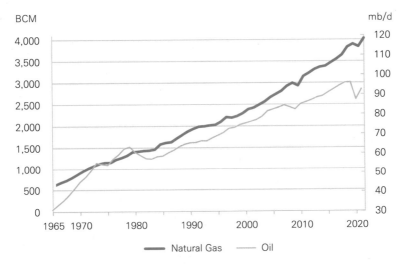

출처: BP, Statistical Review of World Energy 2022

천연가스 수요 전망

　　　　　　　　　IEA가 발표한 World Energy Outlook 2022 보고서의 이행가능정책 시나리오에 의하면 2021년 146 엑사줄인 세계 천연가스 수요가 1%씩 증가하여 2030년까지 150 엑사줄로 정점에 달한 후 그 후 소폭 감소하여 2050년에는 147 엑사줄로 2021년과 거의 같은 수요량을 보일 것으로 되어있다.[2] IEA의 세 가지 시나리오 중 넷제로 시나리오와 발표공약달성 시나리오는 실현이 거의 불가능하여도 이행가능정책 시나리오는 비교적 현실적으로 가능한 시나리오로 볼 수 있다. 하지만, 천연가스 수요에 관해서는 현재 연평균 6%씩 증가하는 천

연가스 수요가 2030년까지 연평균 1%씩 증가하고 그 후 소폭씩 감소
한다는 이 시나리오의 전망은 매우 부적절해 보인다.

천연가스 수출국이 결성한 가스수출국포럼(Gas Exporting Countries
Forum, GECF)의 보고서에 의하면, 2021년 4조 250억 세제곱미터인 세계
천연가스 수요는 2050년에 5조 4,600억 세제곱미터로 무려 36% 증가
한다.[3] 아래 그림은 부문별 2021년 대비 2050년 천연가스 수요 증가량
을 보이고 있는데, 무엇보다 발전(Power generation) 부문에서의 천연가스
수요가 43%의 큰 폭의 증가세를 보인다. 전 세계 전기에너지 수요는 계
속 증가하는데, 탄소 배출의 주범인 석탄발전은 점점 줄어들고 원자력발
전과 재생에너지가 전기 수요 확대를 따라가지 못하는 상황에서 천연가
스 수요가 증가할 것으로 전망되는 것이다.

그림 8-2 천연가스 수요 현황 및 전망 - GECF

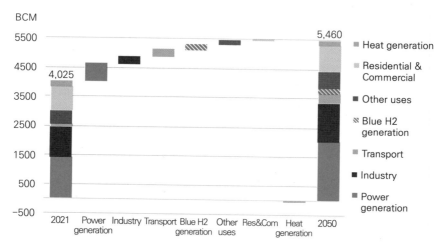

출처: GECF, Global Gas Outlook 2050, 2022 Edition

게다가, 재생에너지 중 앞으로 대폭 확장될 것으로 기대되는 태양광과 풍력은 지속해서 전력을 생산할 수 없는 간헐성이라는 치명적인 약점을 가지고 있으므로, 이를 보완하여 전력 시스템의 안정을 유지하는 역할을 가스발전이 할 수 있다. 원자력과 석탄발전과 같은 기저부하 발전은 변동하는 전력수요에 탄력적으로 대처하기 어려워 가스발전을 계절적인 전력수요 변화에 유용하게 활용하였는데, 최근에는 재생에너지가 증가함에 따라 재생에너지의 간헐성을 보완하는 역할까지 하게 되어 가스발전의 공급량이 더욱 늘 수밖에 없게 된 것이다.

LNG 수요 전망

미국의 셰일혁명으로 미국에서 생산한 LNG가 수출되기 시작하고, 우크라이나 전쟁으로 인해 러시아로부터 가스관을 통해 유럽으로 공급되던 천연가스 수요가 줄어들면서 유럽을 중심으로 LNG 수요가 급격히 늘어나고 있다.

메이저 석유회사 Shell이 전망한 자료에 의하면, 2020년 3억 7,000만 톤인 세계 LNG 수요가 2040년에 6억 5,000만~7억 2,000만 톤(Demand forecast(Shell))으로 많이 늘어난다.[4] 다음 그림에는 IEA가 전망한 넷제로 시나리오(IEA-NZE)와 발표공약달성 시나리오(IEA-APS)에서의 LNG 수요 전망과 우드맥킨지의 에너지 전환 1.5도 시나리오도 함께 표시되어 있다. 에너지 자원 분야 시장조사 및 자문업체인 우드맥킨지(Wood Mackenzie)가 파리협정의 가장 야심에 찬 목표에 도달하기 위한 '가속 에너지 전환 1.5도 시나리오(Accelerated Energy Transition Scenario, WM-AET-1.5)'를 2021년 발표하였는데,[5] 다음 그림에서 보는 바와 같이 기온 상승 1.5°C 제한을 위한 최선의 노력을 하여도 LNG 수요는 2030년까지 상당히 증가하며 그 이후에도 꾸준히 증가함을 우드맥킨지 자료는 보여준다.

그림 8-3 LNG 공급 및 시나리오별 LNG 수요 전망

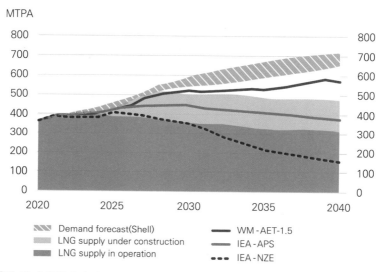

출처: Shell, LNG Outlook 2023

IEA의 두 가지 시나리오는 현실적으로 실현될 가능성이 거의 없는 시나리오이며, 우드맥킨지의 전망도 전 세계적으로 탄소 배출을 줄이기 위해 굉장히 노력하는 경우의 시나리오이므로 LNG 수요를 최소로 전망한 것이라고 할 수 있겠다. Shell이 보여주는 전망이 비교적 현실적인 전망이라고 할 수 있는데, 이 전망에 의하면 LNG 수요는 2020년 대비 2040년에 최소 76%에서 최대 95% 증가한다. 이는 물론 천연가스 전체 수요가 아닌 LNG 수요를 보여주는 것이긴 하지만, LNG 수요의 증가와

함께 전체 천연가스 수요가 계속 증가하리라는 것에 대해서는 의심의 여지가 없다고 하겠다.

천연가스 수요는 줄어들 것인가?

석탄발전의 퇴출과 재생에너지 간헐성 보완을 위해 가스발전이 늘어나고 있으며, 탄소 배출이 상대적으로 적은 천연가스의 역할이 증대되어, LNG를 중심으로 천연가스의 수요는 현재의 추세와 비슷하게 상당히 빠른 속도로 계속 증가할 것이다.

CHAPTER

09

미래 에너지로서의
수소

미래 에너지로서의 수소

수소의 종류

수소는 생산방법에 따라 부생수소, 수전해수소, 추출수소로 나눈다. 수소는 무색, 무취의 기체이다. 그런데, 수소는 다양한 방식에 의해 생산되므로 수소의 생산 방식과 수소 생산 시 발생하는 이산화탄소 처리 여부에 따라 수소 종류를 구분하기 위해 편의상 수소에 색깔을 명명하였지만, 이는 수소의 실제 색깔을 의미하는 것은 아니다.

부생(副生)수소는 석유화학 공정의 나프타 분해 과정 등에서 부수적으로 생산되는 수소로서 추가 설비투자 없이 생산할 수 있지만 그 양이 제한적이다.

수전해수소는 물을 전기분해해서 얻는 수소를 말한다. 물에 전류를 흘려주면 (+)극에서는 산소 기체가 발생하고 (−)극에서는 수소 기체가 발생하게 된다. 태양광이나 풍력 등 재생에너지를 사용하여 수전해수소를 생산하면 공해물질을 발생시키지 않는 깨끗한 수소를 생산하게 되는데 이러한 수소를 그린수소라고 하며, 원자력발전의 전기를 이용하여 만드는 수소를 핑크수소라고 한다.

열이나 촉매를 이용하여 천연가스로부터 추출하는 수소를 추출수소 또는 개질수소라고 하며, 천연가스에 고온고압 스팀을 가하는 SMR(Steam Methane Reforming)이라는 공법이 주로 활용된다. 천연가스의 주성분인 메탄은 CH_4 즉 탄소와 수소로 구성되어 있으므로, 수소를 분리하는 과정에서 나오는 탄소와 스팀 중의 산소가 결합하여 이산화탄소가 발생하게 된다. 여기서 나오는 이산화탄소를 인위적으로 제거한 수소를 블루수소라고 하며 제거과정을 거치지 않은 추출수소를 그레이수소라고 한다. 이산화탄소 처리는 지하 지층에 이산화탄소를 주입하는 CCS(Caron Capture and Storage) 과정을 거쳐 이루어진다.

이 밖에 갈탄으로부터 석탄 가스화 공정을 통해 생산되는 수소를 브라운수소라고 하며, 브라운수소 생산과정에서 발생하는 이산화탄소를 CCS로 제거한 수소도 블루수소라고 한다.

수소의 여러 종류 중 탄소 감축에 이바지할 수 있는 친환경 수소로는 재생에너지를 이용하여 수전해한 그린수소와 원자력을 이용하여 수전해한 핑크수소가 무탄소 수소에 해당한다. 추출수소 중 이산화탄소를 처리하는 블루수소는 CCS 과정을 거쳐 이산화탄소를 모두 제거하는 것이 아니고 79%~90% 처리하게 되므로 저탄소 수소로 분류하며 이 또한 친환경 수소에 포함한다.[1] 친환경 에너지로서의 수소 공급 확대를 지향하고 있는데, 궁극적으로는 무탄소 수소인 수전해수소를 목표로 하지만 과도기적으로 블루수소도 친환경 수소로 인정하고 있다.

표 9-1 수소 종류

제조 공정	수소 종류	제조법	탄소 배출
부수 생산	부생수소	석유화학 공정에서 생산	기준 미달
수전해	그린수소	재생에너지 전기 사용	무탄소
	핑크수소	원자력 전기 사용	무탄소
추출	블루수소	이산화탄소 제거	저탄소
	그레이수소	천연가스로부터 생산	기준 미달
	브라운수소	갈탄으로부터 생산	기준 미달

수소에너지 활용

수소연료전지로 활용

에너지로서의 수소를 가장 많이 활용하는 분야는 전기를 생산하는 수소연료전지로 활용하는 것이다. 전기를 이용하여 물을 수소와 산소로 분리하는 것의 역반응으로 수소가 공기 중의 산소와 결합하면 전기를 발생하게 된다. 수소를 이용하여 만들어진 전기는 연료전지에 저장되는데, 연료전지란 일반전지와 달리 연료를 소모하면서 전력을 생산하는 전지이다. 현재 활용되는 수소에너지는 수소를 직접 연소하여 에너지로 쓰이기보다는 수소로 전기를 생산하는 전력원으로서의 에너지 역할을 주로 하고 있다.

수소가 전기를 생산하기 위한 연료로 사용되는 에너지라면 왜 전기를 그대로 쓰지 않고 수소로 분해한 다음 그 수소를 이용하여 다시 전기를 생산하는가? 그것은 바로 저장이 어려운 전기의 단점을 보완해주는 역할을 하기 때문이다. 오늘날 인류가 유용하게 쓰고 있는 에너지로서의 전기가 가진 치명적인 단점은 저장이 어렵다는 것이다. 배터리에 저장할 수 있는 전기 용량은 제한되어 있고, 에너지저장시스템(Energy Storage System, ESS)을 이용하여 장기간 전기를 저장하기도 하지만 비용이 많이 들어 대량의 전기를 저장하기는 부적절하다. 전기차가 상용차 부문에서 아직 활개를 펴지 못하는 이유도 무거운 상용차가 장거리를 운행하도록 많은 전기를 저장할 수 있는 배터리 용량의 한계가 있기 때문이다.

수소는 전기에 비해 저장이 쉬우므로 탱크에 저장해두었다가 필요할 때 전기를 생산해낼 수 있다. 태양광이나 풍력으로 발전하는 경우 지속해서 전력을 생산하지 못하는 간헐성의 문제가 있는데, 이를 보완해주는 역할을 수소가 할 수 있다. 지금은 재생에너지의 간헐성을 보완해서 전력 시스템의 안정을 기하는 역할을 가스발전이 주로 담당하고 있는데, 탄소 감축을 위해서는 천연가스 수요도 줄여야 하므로 청정에너지인 수소의 역할이 중요시되고 있다.

저장이 가능하다는 장점으로 인해, 전기를 수송 수단의 동력으로 이용하는 전기차나 소형 항공기와 선박에서 수소를 연료로 활용하여 전기를 생산하면 배터리를 이용하는 것보다 더 장시간 운행할 수 있다는 장점이 있다.

발전 연료로 활용

수소에너지를 활용하는 또 다른 방법은 수소를 가스터빈 발전의 연료로 직접 활용하는 것이다. 수소는 연소될 때 이산화탄소 배출이 없

어 화석에너지를 대체할 친환경 에너지원이 될 수 있다. 그러나 현재
는 천연가스에 비교해 연소속도가 약 8배 빨라서 발생하는 화염 역화
(flashback) 현상 억제 등의 기술적 어려움으로 인해 수소를 100% 연료
로 활용하는 단계까지는 아직 이르지 못하고 천연가스와 수소를 적당
한 비율로 혼소해서 가스터빈의 연료로 사용하고 있다.[2] 가스터빈 발전
에서 수소 혼소율을 높이기 위한 연구를 계속하고 있으며, 궁극적으로
는 수소를 100% 연료로 활용함을 목표로 하고 있다.

제철 과정의 환원제

수소의 또 하나의 중요한 기능은 제철 과정의 환원제로 쓸 수 있다
는 것이다. 용광로에 철광석과 석탄을 넣어 고열을 가하면 석탄의 연소
과정에서 발생하는 일산화탄소가 산화철인 철광석의 산소를 빼앗는 환
원 작용을 일으켜 철이 생산된다. 이 과정에서 상당량의 이산화탄소가
발생하여 탄소 배출의 주범 중 하나의 역할을 하고 있다. 수소를 환원제
로 사용하면 이산화탄소 발생 없이 철광석에서 산소를 떼어낼 수 있으
므로 친환경적으로 철을 생산할 수 있다. 아직은 일반 용광로에서 생산
하는 철에 비해 비용이 많이 들지만, 기술이 발전하고 탄소 배출에 대한
국제사회의 압력이 세어질수록 수소 환원 제철소는 계속 늘어날 것이다.

일반 제철: $Fe_2O_3 + 3CO = 2Fe + 3CO_2$

수소 환원 제철: $Fe_2O3 + 3H_2 = 2Fe + 3H_2O$

친환경 수소의 극복 과제

제한된 친환경 수소 생산 국가

친환경 수소 생산의 문제점은 그린수소나 블루수소를 생산할 수 있는 국가가 한정되어 있다는 것이다. 수소자동차 광고에서 '물에서 얻는 무한한 자원 수소'라는 표현이 나오고 수소의 재료가 되는 물을 쉽게 구할 수 있다 보니, 수소가 무한히 얻을 수 있는 자원으로 잘못 생각할 수 있다. 그린수소의 경우 재생에너지에서 나오는 전기를 이용하여 수소를 생산하므로 기후 여건이 좋아 태양광과 풍력으로 전기를 많이 생산할 수 있는 국가를 제외한 대부분 국가에서는 생산비용이 많이 든다. 세계 시장에 그린수소를 공급할 수 있는 국가가 중동 국가와 미국, 호주, 그리고 풍력발전과 수력발전이 활발한 일부 유럽 국가에 한정된 것이 바로 이 때문이다.

블루수소를 생산하기 위해서는 천연가스에서 수소를 추출한 후 탄소포집저장(Carbon Capture and Storage, CCS)을 통해 이산화탄소를 제거해야 하므로, 블루수소 생산은 CCS를 할 수 있는 지층을 많이 가진 산유국이 절대적으로 유리하다. 우리나라와 같이 재생에너지 발전을 하기에 기후 여건이 유리하지 않은 나라에서는 비싼 비용이 드는 태양광발전이나 풍력발전으로 만든 전기를 써서 그린수소를 생산해야 하므로 자체적으로 그린수소를 생산하는 비용은 많이 들며, CCS를 할 수 있는 여건이 좋지 않으므로 블루수소 생산은 매우 어렵다고 하겠다.

블루수소 생산에서의 이산화탄소 제거

친환경 수소로 분류되는 블루수소 생산에 있어서는 메탄가스에서 수소를 추출하는 과정에 발생하는 이산화탄소를 제거하는 것이 큰 과제이다. 수소를 추출할 때 질량비로 5.5배의 이산화탄소가 발생한다.

$$CH_4 + 2H_2O = 4H_2 + CO_2$$

그런데 이 수치는 아무런 손실 및 부반응 없이 100% 화학반응이 일어났다고 가정했을 때 이론상의 수치이며, 반응효율·부반응 등을 고려한 실제 수소 분리 과정에서는 이산화탄소가 수소의 7~10배 발생한다. 최근 국내에서 상용화된 천연가스 추출기를 활용할 때 수소 1kg을 생산할 때 배출되는 이산화탄소는 8.6kg가량 되는 것으로 나타났다.[3]

그러므로, 그레이수소가 아닌 블루수소를 생산하기 위해서는 수소 생산과정에서 발생하는 이산화탄소를 지하 지층에 주입하여 제거하는 CCS 처리가 필수적이다. 전 세계적으로 이산화탄소 배출량을 줄이기 위해 노력하고 있는 상황에서 기존에 화석에너지나 산업체에서 배출하는 이산화탄소 처리도 쉽지 않은데, 수소 만드는 과정에서 발생하는 이산화탄소까지 추가로 처리를 할 만큼 CCS 여건이 여유롭지 않다. CCS의 제약으로 인해 블루수소가 수소 공급의 주요한 한 축을 맡기는 어려우며, 그린수소로 가는 중간 단계에서 일정 역할을 하는 데 그칠 것이다.

수소 사회로 가는 과도기라고 해서 그레이수소를 이용한 수소 연료전지발전을 허용하자는 주장이 나오는데, 대량으로 발생하는 이산화탄소를 대기 중으로 배출하는 그레이수소 연료전지발전은 친환경에 역행하는 대단히 부적절한 방법의 에너지 생산이다. 천연가스를 연료로 써서 바로 발전을 할 수 있는데, 천연가스로부터 CO_2 처리가 안 된 그레이수소를 추출하여 그 수소를 이용하여 발전한다는 것은 전혀 친환경적인 에너지 활용이 아니며, 비용 측면에서 쓸데없는 낭비라고밖에 할 수 없다.

수소 수송의 어려움

수소가 전 세계적으로 많이 활용되려면 수소 공급처에서 수요처로의 원활한 수송이 이루어져야 한다. 공급처로부터 수소 상태인 수소를 수송하기 위해서는 가스관을 통하거나 액체로 전환해야 하는데, 천연가스는 영하 162°C에서 액화되는 데 비해 수소는 이보다 훨씬 낮은 영하 253°C에서 액화된다. 수소 액화 상용화가 진행되고 있지만 아직은 대규모 용량을 액화하여 운반선을 통해 수송하는 것이 상용화되지 않은 상태이다.

수소를 운반하는 또 다른 방법은 수소를 질소와 결합하여 액상 상태인 암모니아로 만들어 수송하는 것이다.

$$N_2 + 3H_2 = 2NH_3$$

암모니아는 독성을 가져 조심스럽게 다루어야 하나, 수소와 질소를 결합하여 암모니아를 만드는 데는 어려움이 없으며, 액상이므로 선박을 통해 수송하는 것이 가능하다. 그런데, 수소로 활용하기 위해서는 수요처로 수송한 후 암모니아로부터 수소를 다시 분리해야 하는데, 암모니아에서 수소를 분리하기 위한 에너지 소모가 많아 그동안 상용화가 되지 못하였다. 그래서, 수소로 활용되지 못하고 수소와 결합하여 만들어진 일명 블루암모니아를 석탄과 혼소하여 석탄발전의 연료로 쓰는 방향으로 주로 활용되고 있다. 최근에 암모니아로부터 수소를 분리하는 기술이 진전을 보이고 있어, 이 기술이 상용화되면 암모니아를 활용한 수소 수요가 증가할 것이다.

그 밖에 수소를 톨루엔과 결합하여 MCH(methylcyclohexane)로 변환하여 운반, 저장하고 다시 수소로 변환하는 과정을 거치는 프로젝트의 연구와 실증화가 진행 중이다. 액화수소, 암모니아, MCH 등 수소 수송 방법에 관한 다양한 연구와 실증사업을 진행하고 있어 조만간 수소 대량 수송에 대한 상용화가 이루어질 것으로 전망된다.

수소 에너지 활용의 저효율성

수소는 폭발성이 강한 강력한 에너지이지만, 기술적인 어려움으로 인해 수소 자체가 직접 연료로 사용되기보다는 전기에너지로 변환되어 주로 사용되고 있다. 친환경 수소의 경우 재생에너지로 전기를 분해하여 수소를 생산하거나, 천연가스에서 수소를 추출한 다음에 이산화탄소를 제거한 과정을 거친 수소를 생산한 후, 이 수소가 다시 산소와 결합하여 발생하는 전기를 이용하는 것이므로 두 차례의 에너지 변환을 거쳐 최종 에너지로 소비된다. 에너지를 다른 형태로 변환할 때마다 에너지 손실이 생기는데 친환경 수소는 두 번의 에너지 변환을 거쳐 최종적으로 사용되므로, 수소가 다른 연료에 비해 에너지 밀도가 높음에도 불구하고 에너지 효율 측면에서는 상당히 비효율적으로 활용되는 실정이다.

수소를 천연가스와 혼소하여 발전 연료로 사용하는 예도 있으나 그 사용량이 제한적이며 이 또한 전기를 생산하는 에너지로 사용되는 것이므로 역시 두 차례 에너지 변환을 거치는 것이다. 수소를 항공기나 자동차 등 엔진용 수송 연료로 직접 사용하는 기술이 개발되면 친환경 수소 수요가 대폭 증가할 것이지만 아직 기술이 개발되지 않고 있다.

수소 생산 현황

IEA의 Global Hydrogen Review 2022 자료에 의하면, 2021년 기준으로 전 세계 수소 생산량은 9,400만 톤이다.[4] 그중 메탄가스에서 추출한 그레이수소가 62%로 가장 큰 부분을 차지하며, 갈탄의 가스화 공정에서 나온 가스에서 추출한 브라운수소가 19%, 부생수소가 18%이다. 현재 생산되는 수소 대부분이 친환경과 거리가 먼 수소로서, 수소 생산 시 방출되는 CO_2 양이 무려 9억 톤에 이른다. 이렇게 생산되는 수소는 탈황, 중질유 개질 등 정유 공정과 암모니아나 메탄올 등을 제조하는 원료로 대부분 사용되며 일부는 수소 자동차 연료로 사용되므로 탄소 감축과는 무관하게 사용되고 있다.

유럽에서 우크라이나 전쟁을 계기로 천연가스 사용에 대한 의존도를 줄여야 한다는 움직임이 있다 보니 청정에너지로서의 수소에 관한 관심이 높아지고 그린수소와 블루수소 같은 친환경 수소에 대한 투자가 활발히 일어나고 있다. 현재는 전 세계에서 생산되는 블루수소(Fossil fuels w/ccus) 생산량은 연간 100만 톤으로 전체 수소 생산량의 0.7%이며, 그린수소(Electricity)는 연간 35,000톤으로 0.04%에 불과하다.

그림 9-1 세계 수소 생산 현황

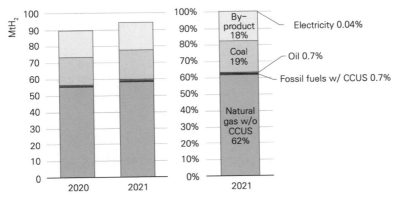

Hydrogen production mix, 2020 and 2021

출처: IEA, Global Hydrogen Review 2022

수소시대는 오는가?

화석에너지를 대체할 수단의 하나인 친환경 수소가 여러 제약성을 극복하고 미래 에너지의 주요한 역할을 하면서 탄소 감축의 수단으로 활용될 수 있도록 기술개발과 투자에 더욱 힘써야 한다. 친환경 수소의 활용 부문은 ① 수소 연료전지발전을 통해 태양광발전과 풍력발전의 간헐성을 보완해주는 전력 시스템 안정 역할, ② 저장상의 이점을 활용하여 수소 전기차나 전기를 동력으로 쓰는 소형 항공기나 선박의 연료로 활용, ③ 천연가스와 혼소하여 가스터빈 발전 연료로 활용, ④ 철강 생산의 환원제 역할 등을 들 수 있다. 또한, ⑤ 친환경 수소로 만든 암모니아는 석탄과 혼소하여 사용됨으로써 이산화탄소 배출량을 줄이는 데 일익을 담당할 것이다.

IEA가 Global Hydrogen Review 2022에서 전망한 2030년 친환경 수소 예상 생산량은 초기 단계 프로젝트(Early Stage) 생산량까지 모두 합해서 연간 2,450만 톤으로 그중 그린수소 1,420만 톤, 블루수소 1,030만 톤이다. 이는 2021년 기준 그린수소 연간 생산량 35,000톤의 약 400배이며, 블루수소 연간 생산량 100만 톤의 약 10배이다. 친환경 수소의 2030년 생산량 목표를 달성하기 위해서는 매우 빠른 속도로 생산을 확대해 나가야 한다.

화석에너지를 대체할 미래 에너지로 주목받고 있는 수소가 2050년에 최종 에너지 소비에서 차지하는 비율은 과연 얼마나 될까? IEA의 World Energy Outlook 2022에 의하면 이행가능정책 시나리오에서의 2050년 수소의 소비량은 1 엑사줄로서 2050년 최종 에너지 544 엑사줄의 0.2%에 불과하다. 전 세계 모든 정부가 친환경 정책을 기한 내에 모두 달성한 경우의 시나리오인 발표공약달성 시나리오에서의 2050년 수소 소비량은 10 엑사줄로서 2050년 최종 에너지 433 엑사줄의 2.3%이다.[5]

2050년이 되어도 수소가 최종 에너지 소비에서 차지하는 비율이 높지 않은 것은 수소의 특성상 직접 연료로 활용되기보다는 주로 전기에너지로 변환되어 사용되고 있어 그 사용이 제한적이기 때문이다. 또한, 친환경 수소 생산과 수송의 제약성, 높은 생산비용 등으로 인해 2050년이 되어도 수소가 최종 에너지 수요에서 차지하는 비율은 그리 높지 않다, 이산화탄소 배출이 없는 연료로서의 수소의 친환경적인 장점과 저장이 쉬운 점을 활용하여 전기에너지로 편리하게 활용할 수 있음에도 불구하고, 수소에너지가 화석에너지를 대체할 만큼 대폭 확대되기는 쉽지 않을 것 같다.

재생에너지 발전 단가가 내려가면서 수소 생산비용도 낮아지고, 머지않은 장래에 액화수소의 대용량 수송이나 암모니아와 톨루엔 등 액상 화합물로부터의 수소 수송과 분리에 관한 상용화가 실현되면서 수소 사용이 확대될 것이다. 석유나 천연가스와 마찬가지로 공급처와 수요처가 서로 다른 수소가 에너지로 활용되기 위해서는 수소 생산, 수송을 위한 변환, 수소 운반, 저장, 수소 분리 등 일련의 Value Chain이 형성되어야 한다. 전 세계적으로 수소에 관한 관심이 높아지고, 수소 Value Chain 각 영역에 대한 투자가 활발히 이루어지고 있다. 친환경 수소 생산 여건에서 불리한 우리나라가 수소를 에너지로 활용하기 위해서는 수소 공급처를 확보함은 물론이고 수소 Value Chain 전반에 대한 투자를 늘려 수소 공급에 차질이 없도록 해야 할 것이다.

미래 에너지로서의 수소

수소가 미래의 주 에너지원 역할을 하기는 어려워도 친환경 에너지로서의 주요한 역할을 담당할 것이므로 수소 Value Chain에 대한 투자가 증대될 것이다.

CCUS가 탄소중립에
얼마나 기여할 것인가?

CCUS가 탄소중립에 얼마나 기여할 것인가?

CCUS란?

CCUS는 탄소, 포집, 활용, 저장(Carbon Capture, Utilization and Storage)을 의미한다. 제3장에서 언급한 바와 같이 탄소중립을 달성하기 위해서는 지구상에 배출되는 온실가스 배출량을 우선 최대한 줄여야 하는데, 배출되는 온실가스 중 자연적으로 산림이나 바다에 흡수되는 온실가스를 제외한 나머지 온실가스를 인위적으로 처리할 수 있는 유일한 수단이 CCUS이다. CCUS는 발전소나 산업체에서 발생하는 이산화탄소를 ① 포집하여, ② 가스관이나 선박을 통해 수송한 후, ③ 산업체에서 활용하거나, ④ 지하 지층에 저장하는 과정을 거친다.

2015년 채택된 파리협정에서 온실가스 국가감축목표(NDC)를 정하기로 한 이후 전 세계적으로 화석연료와 산업체에서 배출하는 이산화탄소를 줄이려는 노력과 함께 CCUS에 관한 연구와 사업화가 활발히 진행되고 있다.

포집 및 활용(CCU) 현황

　　　　　　　이산화탄소 포집(Capture)에 관해서는 상당한 진전이 있어 발전소 등 산업체에서 다양한 방식으로 이산화탄소를 포집하는 기술을 개발하여 이미 활용하고 있다.[1] 우리나라의 경우 석탄 발전에서의 이산화탄소 포집 기술개발에 집중하여 중규모 실증(습식)을 완료하였으며, 발전소 외 산업계 포집은 현재 소규모 실증 수준이고 대형화를 통한 경제성 확보를 위한 연구를 진행 중이다.[2] 그러나, 전 세계적으로 이산화탄소 포집에 관한 연구를 활발히 진행하고 있음에도 불구하고, 산업계 이산화탄소 포집은 비용이 많이 들며 대규모로 적용하기에는 기술적인 한계가 있다는 문제점을 안고 있다.[3]

　　이산화탄소의 수송은 현재는 가스관을 통해 주로 이루어지고 있으며, 이산화탄소는 액화가 비교적 쉬운 편이므로 액화 수송선을 통한 대용량 수송에 관한 연구와 실증이 활발히 진행 중이다. 이산화탄소 수송은 기술적으로 큰 어려움이 없어 보인다.

　　이산화탄소 활용에 관해서는 현재 전 세계적으로 연간 약 2억 3,000만 톤의 이산화탄소가 활용되고 있다. 그중 1억 3,000만 톤이 비료 제조용으로 쓰이며, 석유 증산용(Enhanced Oil Recovery, EOR)으로 7,000~8,000만 톤이 활용되고 있다.[4] 그 밖에도 탄산음료 제조를 비롯하여 산업체에서 다양하게 활용하고 있다. 그러나, 현재 활용되는 이산화탄소 대부분은 산업체에서 포집되는 것이 아니라, 지하 지층으로부터 석유와 천연가스를 생산하는 과정에서 나오는 이산화탄소를 활용하는 것으로서 이는 이산화탄소 배출 감축에 전혀 도움이 되지 않는다.

　　산업체에서 발생하는 이산화탄소를 직접 포집하여 활용하는 것을

CCU(Carbon Capture and Utilization)라고 한다. 이산화탄소를 산업체에서 활용하는 것에 대한 지난 수십 년간의 다양한 연구와 실증화에도 불구하고 대규모 이산화탄소를 활용하는 기술은 아직 개발되지 않고 있다. 전 세계에서 CCU를 통한 이산화탄소 활용은 연간 약 200만 톤 정도의 소량에 불과한 것으로 알려져 있으며, 현재까지 개발된 CCU 기술을 종합적으로 분석한 결과 그 실효성에 의문이 있다는 연구 결과도 있다.[5] 우리나라의 경우, 포집된 이산화탄소를 이용한 건설 소재용 탄산칼슘 제조 등 광물화 기술은 선진국 수준의 기술을 확보했으나, 합성가스 등 화학적 전환 기술은 시제품 제작 단계에 진입한 수준이다. 일부 기술은 응용 실증 및 상용화 단계까지 진입하였으나, 낮은 가격 경쟁력으로 대부분 상용화 이전 단계에서 정체되고 있다.[6]

이산화탄소를 산업체에서 포집하여 활용하는 CCU는 활용을 통해 만든 제품이 이산화탄소를 과연 얼마나 오랫동안 보관하느냐는 문제, 활용에 소모되는 에너지, CCU 시장의 제한성 등의 한계를 가지고 있다.[7] IEA의 넷제로 시나리오에서는 2030년까지 처리되는 CCUS의 95% 이상이 지하 지층에 저장하는 CCS이고 CCU를 통해 처리되는 양은 5% 이하로 전망한다. 국제사회에서 CCU를 통한 이산화탄소 감축은 크게 기대하지 않고 있는 듯하다.

CCS는 어떻게 하는가?

이산화탄소 지중 저장, 즉 CCS(Carbon Capture and Storage)는 포집된 이산화탄소를 지하 지층에 주입하여 저장하

는 것으로서 CCS는 지하 지층으로부터 석유를 생산하는 것의 역과정
을 거친다고 할 수 있다.

지하 지층에 있는 암석은 작은 입자들로 구성되어 있으며 그 입자들
사이에 작은 공간이 있는데, 암석 중에서 퇴적암에 이러한 공간이 많으
며 그중에서도 굵은 모래로 이루어진 사암에 더 큰 공간이 있다. 이 공
간에는 물이 채워져 있으며 유전의 경우는 이 공간에 물 대신에 석유가
들어 있는 것이다. 석유 생산은 시추공을 뚫어서 암석 사이 공간에 들
어 있는 석유를 뽑아내는 과정이며, CCS는 강한 압력으로 이산화탄소
를 주입하여 암석 사이의 공간에 저장하는 것이다.[8]

그림 10-1 CCS 모식도

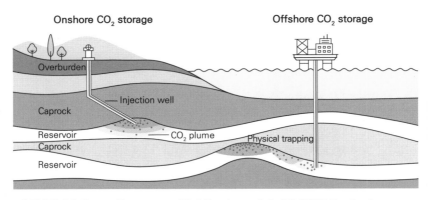

출처: IEA CO_2 Storage Resources and their Development: An IEA CCUS Handbook

지하 지층에 이산화탄소를 주입하는 형태는 네 가지가 있다.

고갈 유·가스전 주입

생산이 끝난 유전이나 가스전(Depleted Oil and Gas Reservoir)에 주입하

는 것이다. 석유 생산이 끝나면 석유가 들어있던 암석 사이의 공간은 비어있는 상태가 아니고 물이 차 있게 되는데, 이산화탄소를 주입하여 이 물을 밀어내고 이산화탄소를 집어넣는 것이다. 석유가 유출되지 않게 막아주는 역할을 하던 상부의 불투수 덮개암(Cap Rock)이 주입된 이산화탄소가 유출되지 않도록 막아주는 역할을 한다. 또한 유전에는 그릇을 뒤집어 놓은 돔 형태의 배사구조나 단층이 벽 역할을 하여 원유가 상부로 유출되지 않게 막아주는 역할을 하는데, 이산화탄소를 주입하면 석유의 유출을 막아주던 배사구조나 단층이 이산화탄소가 새어 나가지 못하도록 물리적으로 막아주는 역할을 하며, 이렇게 이산화탄소가 갇히는 것을 Physical Trapping이라고 한다.

그림 10-2 Physical Trapping

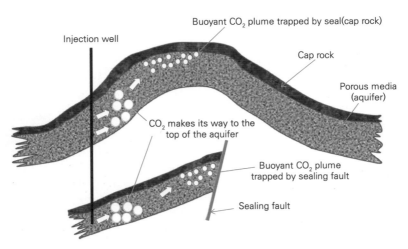

출처: Petroleum Science, Science 16, 1028-1063(2019)

EOR과 병행

생산 중인 유전에 이산화탄소를 주입하면 석유가 들어있는 저류층에 압력이 가해져서 더 많은 석유를 생산하는데 이를 회수 증진(Enhance Oil Recovery, EOR)이라고 한다. 1970년대부터 석유를 증산하는 방법으로 많이 활용된 EOR이 이제는 공해물질인 이산화탄소를 처리하는 지중 저장의 역할까지 하면서 일석이조의 효과를 얻을 수 있게 되었다. 주입된 이산화탄소는 원유를 함유한 지층에 압력을 가하여 원유를 증산함과 동시에 주변 지층의 공극으로 들어가서 저장된다.[9] EOR을 통한 지중 저장은 이산화탄소를 활용함과 동시에 저장하는 것이므로 이를 CCS라고 부르지 않고 CCUS, 즉 이산화탄소 포집·활용·저장으로 분류한다.

그림 10-3 EOR을 통한 CO$_2$ 저장

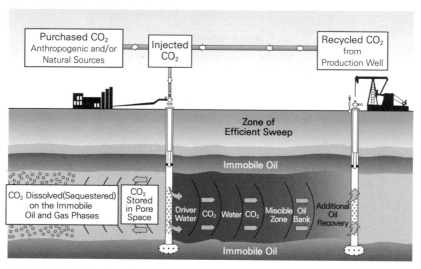

출처: Global CCS Institute, Paper by Dr. Whittaker and Dr. Perkins, October 2013

대수층 주입

지하의 퇴적암은 대부분 바다에서 퇴적된 암석들이므로 암석 입자 사이에는 지질시대의 해수가 그대로 갇혀있다. 지표 근처의 지층에는 빗물이 유입되어 담수이지만, 지하 깊은 지층은 대부분 염수가 들어 있는데, 지층 중 입자 사이의 공간이 커서 염수가 많이 들어있는 지층을 심부 염수 대수층(Deep Saline Aquifer), 간단히 대수층(帶水層, Aquifer)이라고 한다. 대수층 주입은 대수층 입자 사이에 물로 차 있는 공간의 물을 밀어내고 이산화탄소를 주입하여 저장하는 것이다. 돔 형태의 배사구조나 단층 지역의 대수층에 주입된 이산화탄소는 유전에서 석유가 모여 있는 것처럼 물리적으로 갇히게 되며(Physical Trapping), 물리적 트랩이 없다 하더라도 이산화탄소가 암석 입자 사이의 공극에 모세관 압력에 의해 저장되거나(Residual Trapping), 이산화탄소를 함유한 물이 아래로 가라앉아 연기가 피어오르는 모양과 같은 플룸(Plume) 형태로 저장된다(Solubility Trapping). 물속에 녹아있는 광물 성분과 결합하여 광물화 형태로 저장되기도 한다(Mineral Trapping).[10]

CBM 주입

석탄층에서 발생하는 가스인 Coal-bed Methane(CBM)의 생산을 늘리기 위해 유전에서의 EOR과 같은 방식으로 이산화탄소를 주입하여 생산을 늘림과 동시에 이산화탄소를 저장할 수 있다. 이 방식으로 처리할 수 있는 이산화탄소의 양은 제한적이다.

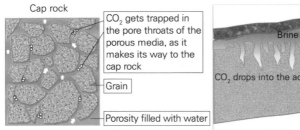

Residual Trapping   Solubility Trapping

출처: Petroleum Science, Science 16, 1028-1063(2019)

전 세계 CCUS 현황

이산화탄소를 포집하여 활용, 저장하는 CCUS의 용어를 정리하자면 산업체에서 활용하는 CCU, 순수한 지중 저장 CCS, EOR을 포함한 지중 저장 CCUS로 분류할 수 있다.

글로벌 CCS 협회(Global CCS Institute)의 2022년 보고서에 의하면 전 세계에서 가동 중인 CCUS 용량은 연간 4,250만 톤이다.[11] 현재 가동 중인 CCUS 시설의 75%는 EOR로서 유전의 생산량을 늘리는 목적으로 이산화탄소를 활용하면서 그 일부를 지층에 저장하는 것이다. EOR은 CCS 자체를 위한 목적이 아니라 증산을 위한 목적에서 부수적으로 지하에 저장되는 것이므로, 진정한 의미의 CCS라고 보기 어렵다.

표 10-1 세계 CCUS 프로젝트 현황

Stage	Facility Name	Country	Capacity (Mt/a)	Type	Operation Year
Operational	Terrel Natural Gas Processing Plant	USA	0.50	EOR	1972
	Enid Fertilizer	USA	0.20	EOR	1982
	Shute Creek Gas Processing Plant	USA	7.00	EOR	1986
	Mol Szank Field CO_2 EOR	Hungary	0.16	EOR	1992
	Great Plains Synfuels Plant	USA	3.00	EOR	2000
	Core Energy CO_2 EOR	USA	0.35	EOR	2003
	Arkalon CO_2 Compression Facility	USA	0.29	EOR	2009
	Century Plant	USA	5.00	EOR	2010
	Petronas Santos Basin CCS	Brazil	7.00	EOR	2011
	Bonanza Bioenergy CCUS EOR	USA	0.10	EOR	2012
	Air Producsts Steam Methane Reformer	USA	1.00	EOR	2013
	Coffeyville Gasification Plant	USA	0.90	EOR	2013
	PCS Nitroge	USA	0.30	EOR	2013
	Karamay Dunhua Oil Technology CCUS EOR	China	0.10	EOR	2015
	Uthmaniyah CO_2 EOR Demonstration	Saudi	0.80	EOR	2015
	Abi Dhabi CCS	UAE	0.80	EOR	2016
	CNPC Jilin Oil Field CO_2 EOR	China	0.60	EOR	2018
	Alberta Carbon Trunk Line w/ Refinery CO_2 Stream	Canada	1.60	EOR	2020
	Alberta Carbon Trunk Line w/ Nutrien CO_2 Stream	Canada	0.30	EOR	2020
	Sinopec Qilu–Shengli CCUS	China	1.00	EOR	2022
	Boundary Dam 3 CCS Facility	Canada	1.00	Various	2024
	Quest	Canada	1.30	Dedicated	2015
	Sleipner CO_2 Storage	Norway	1.00	Dedicated	1996
	Gorgon Carbon Dioxide Injection	Australia	4.00	Dedicated	2019
	Qatar LNG CCS	Qatar	2.20	Dedicated	2019
	Orga	Iceland	0.00	Dedicated	2019
	Glacier Gas Plant MCCS	Canada	0.20	Dedicated	2022
	Red Trail Energy CCS	USA	0.18	Dedicated	2022
	Snohvit CO_2 Storage	Norway	0.70	Dedicated	2008
	Illinois Industrial CCS	USA	1.00	Dedicated	2017
In Construction	Guodian Taizhou Power Station Carbon Capture	China	0.30	EOR	2023
	CNOOC South China Sea Offshore CCS	China	0.30	EOR	2023
	Norcem Brevik–Cement Plant	Norway	0.40	N/A	2024
	North Field East Project (NFE) CCS	Qatar	1.00	Under Eva.	2025
	Hafslund Oslo Waste to Energy Plant	Norway	0.40	N/A	2025
	Santos Cooper Basin CCS Project	Australia	1.70	Dedicated	2023
	Mammoth	Iceland	0.03	Dedicated	2024
	1Pointfive Direct Air Capture Facility	USA	0.50	Dedicated	2025
	Louisiana Clean Energy Complex	USA	5.00	Dedicated	2026

출처: Global CCS Institute, Global Statuts of CCS 2022

CCUS에 관한 관심이 고조되어 상당히 많은 프로젝트가 추진되었지만, 앞의 표에서 보는 바와 같이 EOR이 아닌 CO_2 제거를 위한 순수한 CCS 목적으로 지하 지층에 저장되는(Dedicated Geological Storage) 이산화탄소 주입 용량은 전 세계에서 연간 1,000만 톤에 불과하다. 향후 가동될 CCUS 예정 프로젝트에서는 EOR 주입 비율이 줄어들고 대수층에 주입하는 비율이 70% 이상을 차지할 것이며, 현재는 고갈 유전이나 가스전에 주입하는 예는 매우 드물지만, 현재 건설 중이거나 향후 건설 예정인 CCUS 프로젝트에서는 고갈 유전이나 가스전에 주입하는 예도 늘어나게 될 것이다.

1995년부터 2018년까지의 전 세계 263개 CCUS 프로젝트를 통계적으로 분석한 자료에 의하면, IEA가 2005년 특별보고서에서 CCUS의 중요성을 강조한 후 여러 국가에서 의욕적으로 CCUS 사업을 추진해 왔으나 그 결과는 대단히 실망스럽다. 지난 30년간 CCUS 프로젝트가 모두 성공했다면 2019년 기준으로 연간 2억 3,200만 톤이 저장되었을 것이나, 예정된 프로젝트의 43%가 취소되거나 연기되었으며, 특히 30만 톤 이상의 프로젝트의 78%가 취소 또는 연기되었다고 조사되었다.[12] CCUS의 추진이 느린 이유로는 주로 공공 영역에서 연구와 실증이 이루어지고 있고 뚜렷한 수익 모델이 없어 민간 영역에서는 아직 활성화되고 있지 않기 때문이며, 또 하나의 이유는 CCUS의 실패 확률이 높다는 점이다.

단순한 사업상의 문제가 아니라 기술적인 어려움도 상당하다는 것이 호주의 Gorgon CCS에서 여실히 증명되었다. 호주 북서부 해상에 있는 Gorgon 가스전은 일일 생산량 21억 세제곱피트의 천연가스와 15,000 배럴의 콘덴세이트를 생산하며 확인매장량이 17조 세제곱피트에 이르는 세계 최대 가스전 중 하나이다. 운영권자인 쉐브론사는 30억 달러 이상을 투자하여 가스 생산과정에서 나오는 400만 톤의 이산화탄소를 두께 400m 이상의 두꺼운 대수층에 저장 처리하는 세계 최대의 CCS 프로젝트를 추진하여 애초 2014년에 완공하기로 하였으나 여러 차례 연기를 거듭한 끝에 2019년에 작동을 시작하였다.[13] 그러나 애당초 예상한 처리량 400만 톤에 훨씬 못 미치는 절반 정도의 이산화탄소만 CCS로 주입하게 되어 이를 상쇄하기 위해 상당한 액수의 탄소배출권(carbon credit)을 구매해야만 했다. Gorgon 프로젝트는 Chevron은 물론이고 ExxonMobil과 Shell이 파트너로 참여하여 세계 최고의 기술을 보유한 석유회사들이 추진한 CCS 사업인데, 연간 400만 톤 저장하는 CCS가 성공을 거두지 못하고 있다는 것은 시사하는 바가 크다.

CCUS 가능 국가의 제약성

CCUS에 관한 다양한 연구가 전 세계에서 활발히 추진되고 있지만, 연구개발 이상의 상용화 수준의 CCUS가 가능한 국가는 대부분 산유국에 국한되어 있다. 이는 CCUS의 상당량이 유전에서 생산을 늘리기 위해 수행하는 EOR 과정에서 처리되거나, 생산이 종료되는 유전이나 가스전에 주입되기 때문이다. 물로 차 있는 대수층에 이산화탄소를 주입하는 CCS가 향후 많이 늘어나리라고 예상되지만, 대수층 CCS의 경우 석유회사들이 유전이나 가스전을 탐사하고 평가하는 과정에서 수없이 많은 시추공을 뚫어 취득한 자료들을 분석하여 이산화탄소를 주입할 만한 양호한 저류층을 이미 알고 있는 지역

에 추진하고 있다. 대규모 용량의 이산화탄소를 처리할 수 있는 CCUS
는 퇴적층이 많이 존재하는 유전이나 가스전 주변 지역이 절대적으로
유리하기 때문이다.

유전이나 가스전이 거의 없는 지역에서 CCS 대상 지층을 찾기 위해
새로운 탐사와 시추를 하는 예는 드물다. 더구나 해상의 경우 CCS를
실시하기 위해서 대용량 컴프레서 등 대규모 시설을 해상 또는 해저에
설치해야 한다. 기존에 석유 생산을 위한 해상 플랫폼이 있는 곳에서는
가능하지만, 아무런 설비가 없는 해상 지역에 성공적인 이산화탄소 주입
이 보장되지 않으며 값비싼 비용이 드는 CCS용 해상 플랫폼을 별도로
설치하는 것은 위험 부담이 매우 크다.

그동안 많은 석유회사가 CCS에 공을 들였음에도 불구하고, 전 세
계에서 EOR이 아닌 순수한 지중 저장 목적으로 저장하는 이산화탄소
처리 용량은 연간 약 1,000만 톤에 불과하다. 지하 지층에 이산화탄소
를 주입하는 CCS 기술이 석유 생산의 역과정이라 기술적으로 큰 어려
움이 없을 것으로 예상했지만, 세계 최고의 파트너들로 구성된 호주의
Gorgon CCS 프로젝트에서 애당초 예정했던 연간 400만 톤의 이산화
탄소를 주입하는 데 성공하지 못하고 목표량의 절반만 주입하고 있는
것이 현재 CCS의 상황이다. Gorgon CCS 프로젝트에서 처리 용량 연
간 400만 톤의 절반만 들어간다는 것을 반영하면 순수 지중 저장을 통
한 전 세계 CCS 실제 저장량은 연간 1,000만 톤이 되지 못하고 800만
톤에 불과하다고 할 수 있다.

기술적인 어려움 못지않게 CCUS의 수익 모델의 부재가 CCUS의 확
대에 장애가 되고 있다. 이산화탄소를 많이 배출하는 산업체가 밀집함

과 동시에 이를 처리할 수 있는 CCUS가 가능한 미국의 경우 EOR을 통한 CCUS에 톤당 미화 60달러의 Tax Credit을 주며 순수한 지중 저장인 CCS에는 미화 85달러를 제공하므로 텍사스를 중심으로 CCUS가 활발히 진행되고 있다.[14] 그러나, 미국 외의 다른 국가의 경우 정부가 CCUS 사업자에게 제공하는 수익 모델이 분명하지 않아 민간 기업들이 CCUS를 적극 추진하지 못하는 실정이다.

지금까지의 실적이 미진할 뿐만 아니라, 2030년 CCUS 예상량 전망을 보더라도 수백억 배럴에 해당하는 수많은 유전과 가스전을 보유한 산유국인 인도네시아, 말레이시아, 태국 등 동남아시아의 2030년 이산화탄소 포집 계획량이 연간 1,500만 톤에 불과하며 포집된 이산화탄소 중 실제로 얼마나 활용이나 저장을 통해 처리될지는 알 수 없다.[15] 이산화탄소를 포집하더라도 저장할 수 있는 여지가 별로 없는 非산유국의 경우 CCUS의 추진 당위성과 목표량에 대한 신중한 접근이 필요하다.

CCUS가 탄소중립에 얼마나 기여할 것인가?

화석에너지 연소과정과 산업체에서 배출하는 이산화탄소 배출량을 최대한 줄여야겠지만 도저히 줄일 수 없는 이산화탄소를 처리해야만 탄소 제로, 즉 탄소중립이 가능하다. 이산화탄소를 처리할 수 있는 유일한 방법이 CCUS인데, 위에서 언급한 바와 같이 EOR 용도 외의 다른 산업체에서 활용(CCU)되는 이산화탄소의 양은 아주 제한적이며, 대용량의 이산화탄소를 산업체에서 활용하는 기술의 개발도 조만간에 이루어지지 않을 것으로 짐작된다. 그러므로, 탄소중립을 달성하기 위해서는 지하 지층에 저장하는 CCS를 통해 대량의 이산화탄소를 처리해야만 하는데, 현재까지의 CCUS 실적이나 전망으로 볼 때 지구상에서 배출되는 이산화탄소를 지중 저장을 통해 모두 처리하기에는 턱없이 부족한 상황이다.

이산화탄소를 저장할 만한 퇴적층이 전 세계에 충분히 존재하는 것에 관해서는 여러 긍정적인 조사 결과가 있다. IPCC는 2018년 특별보고서에서 전 세계적으로 이산화탄소를 처리할 지층의 저장 용량이 수조 톤에 달하여 지구상에는 금세기 동안 주입할 이산화탄소 누적량보다 더 많은 양을 처리할 수 있는 지층이 존재한다고 하였다.[16] 글로벌 CCS 협회는 지구상에 CCS가 가능한 지층의 저장 용량은 13조 9,540억 톤으로 추정되며, 그중 이미 찾은 지층의 저장 용량이 5,770억 톤이라고 하였다.[17] 지층의 저장 용량은 충분하다 하더라도 실제로 이산화탄소를 얼마나 주입할 수 있느냐가 관건이다. 글로벌 CCS 협회의 보고서에는 이미 찾은 CCS 대상 지층의 저장 용량 5,770억 톤 중에서 상업적으로 활용이 가능한 저장 용량은 2억 5,300만 톤이라고 하였다. 이는 지구상에 존재할 것으로 예상되는 CCS 저장 용량의 불과 0.0002%에 불과하므로 앞으로 CCS가 대폭 확대될 수 있으리라고 전망한다.

그러나, CCS를 통한 이산화탄소 처리에 큰 기대를 걸고 있음에도 불구하고 현실은 그렇게 희망적이지 않다. 글로벌 CCS 협회 2022년 보고서에 의하면 현재 가동 중인 CCUS 프로젝트의 연간 주입량은 4,250만 톤이며, 앞으로 가동될 프로젝트의 연간 주입량은 건설 중인 프로젝트 960만 톤, 상당히 진척된 프로젝트(Advanced Development) 9,760만 톤, 초기 단계 프로젝트(Early Development) 9,180만 톤, 가동 보류(Operation

Suspended) 230만 톤으로서, 현재 가동 중인 것과 가동 예정인 것을 모두 합하면 연간 2억 4,380만 톤이 주입될 예정이다.[18] 그런데, 초기 단계 프로젝트 목록에 우리나라의 Korea—CCS 1 & 2 프로젝트에서 연간 1백만 톤 주입 예정이라는 부정확한 내용이 들어 있는 것으로 보아, 초기 단계 프로젝트 통계 자료에 대한 신빙성은 높지 않아 보인다.

IEA의 전망에 의하면 2030년 전 세계 CCUS 중 포집용량은 연간 2억 6,800만 톤, 저장용량은 연간 2억 300만 톤으로 증가한다.[19] 특기 사항은 2030년에 포집(Capture)되는 CO_2양에 비해 저장(Storage)되는 CO_2양이 못 미쳐 병목 현상이 생긴다는 것이다. 글로벌 CCS 협회와 IEA의 전망을 통해 볼 때, 2030년 CCUS로 제거할 수 있는 CO_2양은 2억 300만 톤 이상이 되기는 어려울 것 같다.

그림 10-5 세계 CCUS 현황과 전망

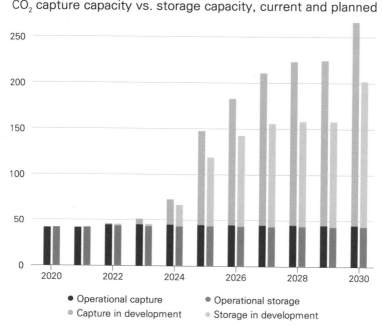

CO$_2$ capture capacity vs. storage capacity, current and planned

● Operational capture ● Operational storage
● Capture in development ● Storage in development

출처: IEA, CO$_2$ transport and storage, September 2022

이산화탄소를 지하 지층에 주입하는 EOR 기법은 1970년대부터 활용되었으며, EOR이 아닌 순수한 이산화탄소 처리 목적의 CCS도 1996년에 시작되어 거의 30년이 다 되어 간다. 그런데도, 현재 전 세계 CCUS 처리량이 연간 4,250만 톤으로 2021년 에너지와 산업 관련 이산화탄소 연간 배출량 366억 톤의 0.1%에 불과하다. IEA가 예상한 2030년까지 CCUS로 제거할 수 있는 연간 처리량 2억 300만 톤은 이행가능 정책 시나리오에서의 2030년 이산화탄소 배출량 362억 톤의 0.6%에 불과하며, 심지어는 이산화탄소 배출량을 매우 많이 줄이는 것으로 가정

한 넷제로 시나리오에서 전망한 배출량 228억 톤의 0.9%에 불과하다.[20]

전 세계적으로 이산화탄소를 포집하여 산업체에 활용하는 CCU에 관한 연구와 실증이 활발하게 진행되고 있으나 미미한 수준에 그치고 있으며, 지하 지층에 저장하는 CCUS를 적극 추진하고 있으나 EOR 외 순수 지중 저장은 아직 그리 많지 않은 실정이다. 현재까지의 매우 부진한 CCU 및 CCUS 실적, CCUS 수익 모델의 불확실성, CO_2 포집에 들어가는 과다한 비용, CO_2 주입에서의 기술적 난관, CCUS가 가능한 국가의 제약성 등을 고려하면 CCUS의 대폭 확대는 쉽지 않아 보인다.

연간 수백억 톤의 이산화탄소가 배출되는데 수십 년의 노력에도 불구하고 이를 인위적으로 제거할 수 있는 유일한 수단인 CCUS를 통해 2030년이 되어도 배출량의 1%에 미치지 못하는 불과 2억 톤 정도의 이산화탄소를 처리할 수 있는 것이 우리가 직면한 현실이다. 그래도 CCUS가 가능한 산유국은 이를 최대한 확대해야겠지만, CCUS를 하기에 여건이 좋지 않은 비산유국은 CCUS를 통한 탄소 감축이라는 매우 어려운 목표를 설정하기보다는 이산화탄소 배출량을 줄이고 산림 파괴와 자연 훼손을 통한 흡수량 감소를 최대한 줄이는 데 집중하는 것이 더 효율적이라 본다.

CCUS가 탄소중립에 얼마나 기여할 것인가?

지난 수십 년간의 노력에도 불구하고 현재 CCUS로 처리하는 이산화탄소량은 미미환 수준이다. CCUS가 인위적으로 이산화탄소를 처리할 수 있는 유일한 해결책이므로 앞으로 계속 확대해야겠지만, CCUS가 탄소중립의 해결책은 물론이고 탄소 감축에 크게 기여하기도 쉽지 않으리라 예상된다.

CHAPTER

11

석유와 천연가스
공급 전망

석유와 천연가스 공급 전망

매장량과 자원량

　　　　　　　땅속의 자원이 얼마나 있느냐를 얘기할 때 매장량(Reserves)이라는 용어를 쓰는데 엄밀히 말하자면 매장량은 상업적 개발이 확정되었을 때 쓰는 용어이고, 그 이전에는 자원량(Resources)이라고 부른다. 상업적으로 개발이 확정되었다 하더라도 지하 깊이 매장되어 있는 석유와 천연가스가 얼마나 존재하느냐에 대해서는 여전히 불확실성이 존재한다. 매장량은 그 확실성의 정도에 따라 확인매장량(Proved Reserves, P1), 추정매장량(Probable Reserves, P2), 가능매장량(Possible Reserves, P3)으로 구분한다.

　　석유와 천연가스를 발견하였으나 아직 개발이 확정되지 않았을 때는 발견잠재자원량(Contingent Resources, CR)이라고 한다. 탐사자원량(Prospective Resources)은 인공지진파 탐사를 통해 유망구조를 찾아서 예상 자원량을 추정하였지만, 시추를 통해 존재 여부를 아직 확인하지 않은 단순한 추정값이다. 따라서, 지하의 석유나 천연가스 부존량을 말할 때 쓰는 자원량은 매장량과 발견잠재자원량에 국한되며, 탐사자원량은 아직 존재 여부를 아직 확인하지 않은 상태이므로 자원량 값에 포함하지 않는다.

표 11-1 자원량 구분

구분		상태	불확실성
자원량	매장량	발견 후 개발 확정	↓
	확인매장량(P1)		
	추정매장량(P2)		
	가능매장량(P3)		
	발견잠재 자원량(CR)	발견한 상태	
	탐사 자원량	미발견	

석유 매장량 추이

석유 탐사, 개발, 생산 기술의 발전으로 석유 매장량은 계속 증가하여 늘어나는 소비량을 충족시켜왔다. 다음 그림은 1980년부터 현재까지의 전 세계 확인매장량과 소비량 증가 추이를 보여준다.[1] 왼쪽 축은 확인매장량 값을 보여주며 단위는 십억 배럴이고, 오른쪽 축은 일일 석유 소비량을 보이며 단위는 백만 배럴/일이다. 확인매장량은 꾸준히 증가해왔는데, 특이한 점은 네 차례에 걸쳐 매장량이 점프했다는 것이다. 1985년에서 1988년 기간에 확인매장량이 급증한 것은 사우디아라비아, 이란, 이라크, UAE 등 중동의 OPEC 국가들이 자국의 매장량을 석연치 않은 이유로 증가시켜 발표했기 때문이다. 1998년~1999년에는 캐나다 오일샌드가 정식으로 매장량으로 인정되면서 확인매장량이 크게 증가하였고, 2008년~2010년에는 베네수엘라 오리노코 벨트의 초중질유가 매장량으로 인정되면서 또 한 차례 확인매장량이 급증했다. 2010년대 중반에는 미국의 셰일혁명으로 확인매장량이 소폭 증가한 것을 볼 수 있다.

IEA의 World Energy Outlook 2022에 의하면, 2021년 기준으로 세계 석유 확인매장량(P1)은 1조 7,520억 배럴이며 자원량 전체, 즉 매장량(P1+P2+P3)과 발견잠재자원량(CR)의 합계는 6조 1,920억 배럴이 있는 것으로 추정된다.[2]

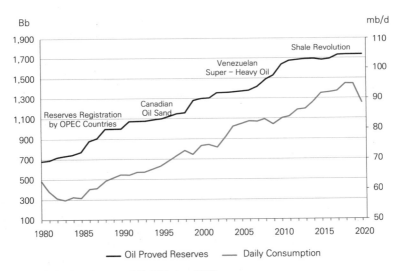

출처: BP, Statistical Review of World Energy 2022

셰일혁명

지하의 유전이라고 하면 땅속 거대한 동굴에 석유가 들어 있다고 생각하기 쉽다. 그러나 석유는 동굴 속이 아니라 공극이라고 하는 암석 입자들 사이의 작은 틈 속에 존재한다. 모래가 굳어서 만들어진 사암에 물을 부으면 물이 암석으로 흡수되는데, 이는 사암을 구성하는 모래 입자들 사이에 빈 곳이 많기 때문이다. 지하 깊은 곳에 유기물질을 많이 함유한 지층에서 석유가 만들어지는데 이를 근원암(Source Rock)이라 한다. 근원암에서 만들어진 석유는 지하에는 하부의 압력이 높으므로 아래에서 위로 암석 사이의 작은 공간을 따라 이동하다가, 덮개암(Cap Rock)이라고 하는 치밀한 암석층이 길을 막으면 더 이상 이동하지 못하고, 저류암(Reservoir Rock)이라고 하는 암석 사이의 공간이 많은 지층에 모여서 유전을 이룬다. 그래서 지난 100년 동안의 석유 생산은 사암, 석회암과 같은 입자가 굵은 암석층에 모여 있는 원유를 찾아내어 생산하는 방식이었다.

그림 11-2 전통 석유와 비전통 석유

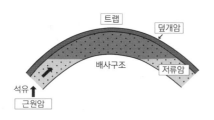

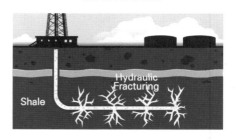

• 근원암: 석유가 만들어지는 암석(셰일)
• 저류암: 석유를 함유하는 다공질암석
• 덮개암: 석유가 상부로유출하지 못하도록
　　　　　막는 단단한 암석
• 트랩: 배사구조 또는 층서트랩

• 셰일오일: 비전통석유
• 셰일가스: 비전통천연가스
• 천연가스액화물: 천연가스로부터 나오는
　　　　　　　　　 액체상태의 석유

그런데 석유는 사암에만 있는 것이 아니고 진흙으로 만들어진 암석인 셰일에도 존재한다. 애당초 근원암 역할을 하는 셰일 지층에 있던 석유나 천연가스 일부는 상부로 이동하지만, 암석 입자들 사이 공간이 워낙 좁아 이동하지 못하고 셰일 암석층에 갇힌 상태로 존재하는 것이다. 2000년대 들어 미국에서 수평시추(Horizontal Drilling)와 수압파쇄(Hydraulic Fracturing) 기술을 통해 셰일 속에 갇혀있는 원유와 천연가스를 생산할 수 있게 되었다. 수직으로 시추하여 목표 셰일층에 도달하면 그때부터 셰일층을 따라 수평으로 시추한 후 모래와 화학물질을 넣은 물을 강한 압력으로 주입하여 셰일 암석을 파쇄하는 것이다. 이러한 방법으로 2010년부터 미국은 셰일로부터 대량의 원유와 천연가스를 생산하여 생산량이 획기적으로 증가했다. 이른바 '셰일혁명'이다.

셰일가스 생산과 같이 전통적인 석유 생산 방식과는 다른 기술로 생산하는 것을 '비전통 방식'이라고 한다. 비전통 방식은 좁은 공간에 있는 석유나 천연가스를 특수한 기술로 뽑아내는 것이기 때문에 유체의 흐름이 쉬운 천연가스를 석유보다 더 많이 생산하는데, 비전통 방식으로 셰일에서 생산하는 천연가스를 셰일가스라고 한다. 비전통 방식으로 생산하는 석유를 편의상 셰일오일이라고 부르지만, 비전통 석유는 암석 입자가 치밀한 사암층(Tight Sand)에서 많이 생산되므로 미국에서는 셰일오일이라 하지 않고 치밀원유(Tight Crude)라고 부른다. 또한 지하에서는 가스 상태로 존재하지만, 지표로 나오면서 압력 차이로 액체로 바뀌거나 정제하는 과정에서 액체화되는 것을 천연가스 액화물(Natural Gas Liquid, NGL)이라고 한다.

세계 1위 석유 생산국인 미국

1956년에 미국의 지질학자 매리언 킹 허버트가 통계적 방법을 활용하여 미국 석유 생산량이 1970년대 정점에 도달할 것이라고 한 것에 대해서 많은 이들이 비웃었으나, 미국에서의 석유 생산은 허버트의 예측대로 1970년 일일 생산량 1,130만 배럴로 정점에 달한 이후 40년간 감소하다가 2010년 셰일혁명이 시작되면서 다시 증가하기 시작했다.[3]

그림 11-3 미국 석유 생산량 추이

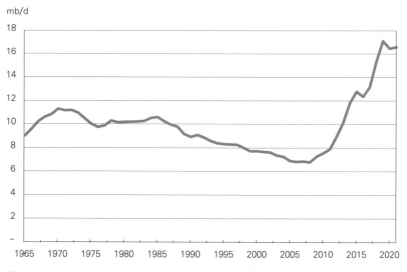

출처: BP, Statistical Review of World Energy 2022

미국의 석유 생산량은 2010년 이후 셰일혁명을 통해 1970년대의 생산량 정점을 훨씬 넘어섰고 지금은 타의 추종을 불허하는 세계 1위의 석유 생산국이 되었다. 미국 에너지정보청(U.S. EIA) 자료에 의하면, 2022년 미국 석유 생산량은 일산 평균 2,021만 배럴로서 일산 1,214만 배럴인 사우디아라비아나 일일 생산량 1,094만 배럴인 러시아보다 훨씬 많은 생산량을 보이면서 세계 석유 생산의 약 20%를 차지하고 있다.[4] 20세기 들어 석유라는 에너지로 세계 패권을 쥐었던 미국이 1970년대 이후에는 중동 산유국의 위세에 잠깐 눌리는 듯하더니 셰일혁명을 통해 또다시 세계 최고의 에너지 강국이 된 것이다.

그런데, 미국의 세계 석유 시장에서의 1위 자리는 그렇게 오래 유지될 것 같지 않다. OPEC의 World Oil Outlook 2022 보고서에 의하면, 2021년 일일 생산량 1,660만 배럴인 미국 석유 생산량은 셰일오일의 생산량 증가에 따라 계속 증가하여 2025년에 2,000만 배럴로 정점을 보이고 2030년까지 정체 상태를 보이다가 그 후에는 점차 감소하여 2045년에는 2021년보다 줄어든 1,570만 배럴을 생산하게 된다.[5] 셰일오일(Tight Crude)이 가장 큰 폭으로 생산량이 감소할 뿐만 아니라 전통적 석유를 생산하는 멕시코만과 알래스카 등에서도 생산량이 감소하고, 셰일가스 생산은 계속 증가하므로 가스로부터 액체 석유가 산출되는 천연가스액화물(Unconventional NGLs) 생산은 소폭 증가한다.

그림 11-4 미국 석유 생산 전망

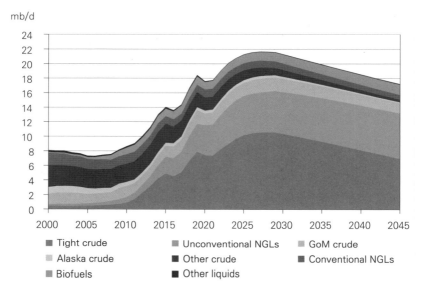

mb/d

Tight crude　　　Unconventional NGLs　　　GoM crude
Alaska crude　　　Other crude　　　Conventional NGLs
Biofuels　　　Other liquids

출처: OPEC, World Oil Outlook 2022

　　OPEC뿐만 아니라 IEA 보고서에서도 이행가능정책 시나리오에서
미국의 석유 생산량이 2021년 일일 생산량 1,680만 배럴에서 2030년
2,070만 배럴로 정점을 보인 후 2050년에는 1,670만 배럴로 2021년 수
준으로 감소한다고 되어있다.[6]

　　미국 에너지정보청(U.S. EIA) 자료에 의하면 2010년 이후 급격히 증
가하던 미국의 석유를 비롯한 액체류 생산이 감소하지는 않지만,
Reference Case로 2022년 이후 정체 상태를 보이는 것으로 나타났
다.[7] 물론 High Oil Price Case에서 유가가 2050년 배럴당 190달러일
경우 3,000만 배럴 이상 생산이 가능하나, 시추공 수가 늘어감에 따
라 시추공 당 생산성 감소로 수익이 감소해 2030년 이후 생산량이 줄

어들게 된다. High Oil and Gas Supply Case는 탐사 성공을 통해 새롭게 발견되는 추가 자원량이 50%이고 새로운 기술 발전으로 생산성이 50% 증가한다는 희망적인 가정을 전제로 한 전망이다. 석유제품 수출은 Reference Case는 물론이고 High Oil Price Case에도 2040년대 중반 이후에는 감소하는 것으로 되어있다. 셰일혁명으로 인해 2010년 이후 가파르게 증가하던 미국의 석유 생산이 조만간 정점에 이를 것은 분명해 보인다.

그림 11-5 미국 석유 생산 및 수출 전망

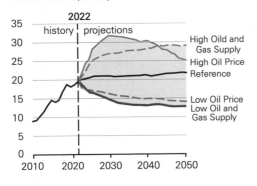

Petroleum and other liquids production (2010–2050)

million barrels per day

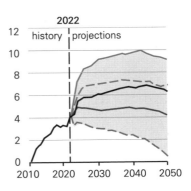

Petroleum products net exports (2010–2050)

출처: U.S. EIA, Article, April 4, 2023

　　오바마 대통령이 2012년 연두교서에서 "우리는 100년간 쓸 수 있는 셰일가스를 가졌습니다"라고 미국이 다시 에너지 강국이 되었음을 선언했지만,[8] 셰일혁명으로 인한 미국의 영광이 그렇게 오래갈 것 같지는 않아 보인다. 미국이 최근 인플레이션 감축법(Inflation Reduction Act, IRA)을 통해 청정에너지를 강조하고 전기차 생산 증대에 박차를 가함에 따라 석유 수요가 감소하여 생산량이 줄어드는 영향도 있겠지만, 가파르게 증가하던 석유 생산이 불과 10년 만에 정체를 보이며 석유제품 수출이 2040년대부터 감소세를 보인다는 것은 미국이 에너지 강국으로서의 위상을 상당 기간 누리겠지만 30년~40년 뒤에는 그 기세가 예전 같지 않으리라는 것을 시사한다.

　다음 그림 왼쪽 그래프에서 보는 바와 같이 미국의 천연가스 생산은 계속 증가하여 Reference Case로 2022년 대비 2050년 15% 증가할 것으로 전망되나, 그 증가세 역시 2022년부터 현저히 줄어드는 것을 볼 수 있다.[9] 미국 내 다른 지역에서의 셰일가스 생산이 주춤한 데 반해, 미국 남서부 페름분지(Permian Basin)와 멕시코만 연안지역(Gulf Coast)의 헤이네스빌층(Haynesville Formation)에서의 셰일가스 생산이 2022년 대비 2050년에 50% 이상 증가하여 미국 전체의 천연가스 생산은 계속 증가한다. 그러나 이 두 지역에서도 2040년 이후에는 셰일가스 생산이 더 이상 증가하지 않아 미국 전체의 천연가스 생산 증가세가 둔화하며 심지어는 High Oil Price Case에서도 생산이 정체 상태인 것을 볼 수 있다. 전 세계적으로 LNG 수요가 계속 증가할 것으로 예상되는데, 아래 오른쪽 그림에서 보는 바와 같이 가파르게 증가하는 미국의 LNG 수출 또한 2040년경부터 정체 상태를 보인다는 것은 셰일가스 생산이 계속 증가하는데 한계가 있기 때문일 것이다.

그림 11-6 미국 천연가스 생산 및 LNG 수출전망

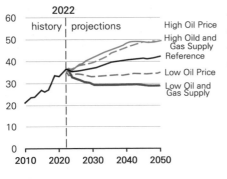

U.S. dry natural gas production and liquefied natural gas(LNG) exports(2010-2050)
trillion cubic feet

출처: U.S. EIA, Article, April 27, 2023

셰일혁명으로 이제는 지구상의 인류가 석유 걱정은 하지 않아도 된다고 하는 이들이 있지만, 2010년부터 시작된 미국의 석유와 천연가스 생산 증가가 불과 30~40년을 가지 않는다는 것은 아직 지구상에 우리가 개발하지 못한 석유와 천연가스가 엄청나게 있으리라는 환상을 가질 수 없게 만든다고 하겠다.

세계 석유 공급 전망

OPEC의 전망에 의하면, 미국의 석유 생산량이 2030년까지 증가하며 다른 비OPEC 국가의 생산량도 증가하여 미국을 포함한 비OPEC 국가 전체의 석유 공급량이 2021년 6,360만 배럴에서 2030년 7,240만 배럴로 정점에 달하고, 그 이후에는 미국의 석유 생산량 감소에 따라 점차 감소하게 된다.[10] 2045년 비OPEC 국가의 석유 공급량 합계는 6,750만 배럴로서 2021년 대비 390만 배럴 증가하는 데 그친다. 비OPEC 국가의 석유 공급량 증가가 늘어나는 세계 석유 수요량을 따라오지 못하므로, 세계 석유 수요량을 충족하기 위하여 OPEC의 생산량이 2021년 3,160만 배럴에서 2045년에 4,240만 배럴로 1,080만 배럴 증가해야 한다.

그림 11-7 세계 석유 공급 전망

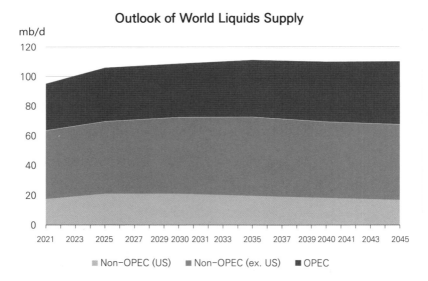

출처: OPEC World Oil Outlook 2022

전 세계 석유 공급에 있어서 비OPEC 국가에 비해 OPEC 국가의 석유 공급량이 많이 늘어나, OPEC의 석유 시장 점유율이 2021년 33%에서 2045년 39%로 증가하게 된다. 중동 산유국들의 증산으로 인해 세계 석유 수급은 안정적으로 유지될 것이지만 OPEC의 시장 점유율 상승에 따라 석유시장에서의 OPEC의 영향력은 더욱 세어질 것이다. 이러한 전망은 OPEC의 전망이므로 OPEC의 입장에서 유리한 방향으로 기술한 것이라고 할 수도 있지만, 비OPEC 국가의 석유 공급에는 불확실성이 존재하므로 대량의 석유 자원을 안정적으로 확보한 OPEC의 영향력이 앞으로 계속 커질 것으로 예상된다.

그림 11-8 OPEC과 비OPEC의 석유 공급 전망

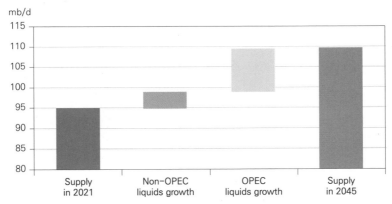

Composition of global oil liquids supply growth, 2021-2045

출처: OPEC, World Oil Outlook 2022

세계 천연가스 공급 전망

석유의 경우 수요가 급격히 늘지 않으며 이미 확보된 매장량이 충분하여 전 세계적으로 2050년까지 수급에 큰 무리가 없을 것 같으나, 향후 수요가 상당히 늘어날 것으로 예상되는 천연가스의 경우는 상황이 다르다.

가스수출국기구의 전망에 의하면, 현재 생산 중인 가스전에서의 생산량은 점차 감소하여 2050년 수요의 26%만 충당할 수 있으므로, 나머지 74%에 해당하는 천연가스는 현재 존재하지 않는 가스전으로부터 생산해야 한다.[11] 가스산업 관련 가장 큰 국제기구이며 다양한 보고서를 내는 국제가스연맹(International Gas Union, IGU)의 자료는 2027년까지의 LNG 중단기 전망만 있고 장기 전망은 나와 있지 않아, 2050년까지의 천연가스에 대한 장기 전망이 나와 있는 가스수출국기구(GECF)의 보고서를 활용하였다.

다음 그림에서 왼쪽 축은 막대그래프로 표시된 연간 생산량 값을 보이며 단위는 십억 세제곱미터이다. 막대그래프의 짙은 파란색이 현재 존재하는 가스전(Existing projects)이며, 나머지 세 가지 색깔로 표시된 것은 존재하지 않는 가스전이다. 오른쪽 축은 선으로 표시된 '존재하지 않는 가스전(Share of non-existing)'과 '탐사를 통해 새로 발견해야 하는 가스전(Share of YTF, Yet To Find)' 각각의 연도별 비율을 보여준다.

2050년 생산량 중 74%나 차지하는 '존재하지 않는 가스전'으로부터 생산량을 충족하기 위해서는 사업 승인이 나서 개발이 예정된 프로젝트(Sanctioned projects)와 이미 발견하였으나 아직 개발하지 않은 프로젝트(New projects라고 표현) 모두 성공적으로 개발해야 한다. 또한 2050년 필요로 하는 생산량의 27%는 지금부터 탐사를 통해 완전히 새로운 가스전(YTF)을 발견해서 거기서 충당해야 한다.

그림 11-9 천연가스 공급 전망

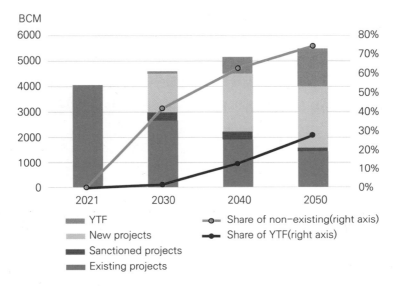

출처: GECF, Global Gas Outlook 2050, 2022 Edition

늘어나는 천연가스 수요 못지않게 세계 곳곳에 LNG 프로젝트를 비롯하여 개발 대기 중인 가스전이 많이 있으므로, 중단기적으로는 천연가스 수급에 문제가 없을 것으로 보인다.[12] 그런데, 위 그림에서 보는 바와 같이 개발이 승인된 프로젝트(진한 회색)에 비해, 발견했으나 개발 가능 여부가 불투명한 New project(연한 파란색)가 훨씬 많으며 지금부터 새롭게 찾아야 하는 가스전(연한 회색) 비중도 상당히 크다는 것은 장기적으로 볼 때 천연가스 공급이 충분히 이루어지지 않을 수도 있다는 것을 의미한다. 유전이나 가스전의 경우, 탐사를 통해 발견은 했으나 평가 단계에서 경제적이나 기술적인 문제로 개발에 이르지 못하는 사업들이 무수히 많으며, 탐사를 통해 새로운 가스전을 찾기가 갈수록 어려워지기 때문이다.

석유와 천연가스 공급 전망

석유의 경우 OPEC 국가의 안정적인 석유 공급에 따라 공급이 수요를 충족하겠지만, OPEC의 점유율 상승에 따라 그 영향력이 커질 것이다. 천연가스의 경우 2050년에 필요한 공급량을 충족하기 위해서는 예정된 가스전 개발이 차질 없이 이루어져야 하며, 27%에 해당하는 공급량은 탐사를 통해 새롭게 찾을 가스전에서 충족해야 한다.

CHAPTER

12

석유와 천연가스는
얼마나 남아있는가?

석유와 천연가스는 얼마나 남아있는가?

석유 고갈설

땅속에 있는 석유가 무한정 공급될 수는 없다고 생각한 전문가들이 석유 생산의 한계에 관한 주장들을 해왔다. 1956년 미국의 지질학자 매리언 킹 허버트가 통계적 방법을 활용하여 미국 석유 생산량이 1970년 정점에 도달할 것이라고 주장하였다. 석유 고갈설이란 용어는 서유럽의 과학자, 경제학자, 경영자 등이 지구의 자원, 환경에 관한 연구를 위해 설립한 로마클럽에서 1972년 처음으로 제기되었다. 로마클럽은 1972년 발간한 〈성장의 한계〉라는 보고서에서 석유가 40년 뒤인 2010년경에 완전히 고갈될 것이라고 주장했다. 1988년에 BP 출신의 콜린 캠벨이 전 세계 석유 생산은 2010년에 정점이 될 것이며 그 이후 생산이 줄어듦에 따라 유가가 상승할 것이라고 했다. 2002년에는 제러미 리프킨이 2020년 이전에 석유 생산이 정점에 이를 것으로 예측했다. 이 외에도 다수의 에너지 관련 기관이 수십 년 후 석유가 고갈될 것이라는 예측을 해 왔다.[1]

1950년대의 허버트와 1970년대의 로마클럽은 당시의 기술 수준에 근거하여 석유의 미래를 예측했다. 그들은 이후 급속도로 발전한 석유개발 기술에 의해 새로운 유전이 발견되고 생산이 가능한 매장량이 추가로 늘어날 것을 예상하지 못했다. 석유개발 기술의 눈부신 발전에 힘입어 이전에는 시추가 수월한 육상 지역에서만 석유를 찾았으나, 정글과 산악 지역은 물론이고 해상에서도 석유를 찾아 생산하게 되었다. 과거에는 경제성이 없어 개발되지 못했던 수많은 한계 유전(marginal field)들의 상업적 개발이 가능해졌고, 1980년대부터는 기술의 한계를 극복하여 수심 수천 미터의 심해에서도 유전이 개발되었으며, 경제성이 없어 개발이 어려웠던 베네수엘라의 초중질유와 캐나다의 오일샌드도 기술발전에 힘입어 1990년대 후반부터 본격적으로 개발되기 시작했다. 또 2010년 이후 시작된 미국의 셰일혁명으로 셰일가스와 더불어 생산되고 있는 셰일오일도 매장량 증가에 기여하였다.

석유와 천연가스 자원량과 가채년수

IEA가 제공한 자료에 의하면 현재까지 발견된 석유 자원량은 6조 1,920억 배럴이며, 그중에서 확인매장량으로 분류되는 것은 1조 7,520억 배럴이므로, 확인매장량을 제외한 추정매장량·가능매장량·발견잠재자원량의 합계가 4조 4,400억 배럴이다. 천연가스 자원량은 806조 세제곱미터이며, 그중 확인매장량은 219조 세제곱미터이므로, 확인매장량을 제외한 나머지 자원량의 합계가 587조 세제곱미터이다.[2]

지하의 석유나 천연가스 자원량에는 불확실성이 있으므로 그 존재 여부를 확인했다 하더라도 실제로 얼마나 생산할 수 있을지 정확히 알 수 없다. 자원량 분류 기준상 불확실성이 높을수록 개발이 가능한 자원량이 줄어들지만, 자원량별로 얼마나 개발 가능한지에 대한 공식적인 기준은 없다. 미국 석유평가 공학협회(SPEE, Society of Petroleum Evaluation Engineers)가 회원들에게 경제성 분석 시 개발이 가능한 자원량의 비율을 얼마로 보는지를 의미하는 '매장량 조정 인자(Reserve Adjustment Factor)'에 대해 설문조사한 결과, 최적평가(P50) 기준으로 확인매장량은 70~95%, 추정매장량은 40~50%, 가능매장량은 10~20%, 발견잠재자원량은 5~10% 적용하는 것으로 나왔다.[3]

현재까지 지구상에서 발견된 전체 자원량 중 실제로 개발이 가능한 자원량을 추산하기 위해서는 매장량 조정 인자를 반영해야 하는데, IEA가 제공하는 자료에는 확인매장량 외 나머지 추정매장량, 가능매장량, 발견잠재자원량의 값이 구분되어 있지 않다. 그래서, 확인매장량의 조정 인자는 95%로 하고, 나머지 자원량에 대해서는 일괄적으로 30%의 조정 인자를 적용하여 자원량의 합계를 계산해 보았다.

표 12-1 세계 석유와 천연가스 자원량 추정치

구분	석유(배럴)			천연가스(세제곱미터)		
	총 자원량		조정 자원량	총 자원량		조정 자원량
P1	1조 7,520억	95%	1조 6,644억	219조	95%	208조
P2+P3+CR	4조 4,400억	30%	1조 3,320억	587조	30%	176조
자원량 합계	6조 1,920억		2조 9,964억	806조		384조
가채년수	현재 소비량		85년	현재 소비량		95년
	OPEC 전망		76년	GECF 전망		81년

출처: IEA, World Energy Outlook 2022
SPEE, Survey of parameters used in property evaluation
OPEC, World Oil Outlook 2022
GECF, Global Gas Outlook 2050, 2022 Edition

  IEA가 제공한 세계 자원량 값에 미국 석유평가 공학협회의 매장량 조정인자를 반영하여 추산한 현재 지구상에 남아있는 개발 가능 석유 자원량은 2조 9,964억 배럴이며, 천연가스 자원량은 384조 세제곱미터 이다. 여기에서의 자원량에는 셰일오일, 오일샌드, NGL, 셰일가스 등 모든 비전통 석유와 비전통 천연가스 자원량이 포함된 것이다.

  OPEC 자료에 의한 2021년 석유 일일 소비량 9,690만 배럴과 가스 수출국기구 자료에 의한 2021년 천연가스 연간 소비량 4조 250억 세제곱미터를 그대로 유지한다고 가정하면,[4·5] 석유의 가채년수는 85년이며 천연가스의 가채년수는 95년이다. 석유 소비량이 꾸준히 증가한다는 OPEC의 전망에 의하면 일일 평균 석유 소비량은 1억 740억 배럴이며, 천연가스 소비량이 상당 폭으로 증가한다는 가스수출국기구 전망에 의하면 연간 평균 천연가스 소비량은 4조 7,425억 세제곱미터이므로, 이를 가정한 석유의 가채년수는 76년이며, 천연가스의 가채연수는 81년으로 줄어든다. 따라서, 지금까지 찾아놓은 석유의 가채년수는 76년~85년이며 천연가스의 가채년수는 81년~95년이다. 물론 여기에는 앞으로 추가로 발견할 유전과 가스전의 자원량은 고려하지 않았으므로, 탐사를 통하여 새로운 유전과 가스전이 계속 발견되면서 가채년수는 더 늘어날 것이다.

1970년에 40년 석유 고갈설이 나왔는데 2022년 현재 남아있는 석유의 가채년수가 40년의 거의 2배에 해당하는 약 80년이며 천연가스 가채년수가 약 90년인 것은 석유개발 기술의 진보와 함께 그동안 Oilman들이 끊임없이 온 지구상을 뒤지며 유전과 가스전을 열심히 찾아왔기 때문이다. 석유 고갈설이 무색해지도록 지난 50년 동안 탐사를 통해 끊임없이 새로운 유전과 가스전을 찾아왔는데, 석유와 천연가스가 고갈되지 않으려면 수요량 증가만큼 앞으로도 새로운 유전과 가스전을 계속 찾을 수 있어야 한다.

석유 부국 사우디아라비아의 미래

확인매장량 규모로 세계 1위인 국가는 3,038억 배럴의 매장량을 보유한 베네수엘라이다.[6] 그런데, 베네수엘라의 원유는 초중질 원유로서 특수한 공법으로 생산할 수 있으며 생산비용이 매우 많이 들어, 2000년대 초반에 최대로 생산할 때도 생산량이 일일 생산량 300만 배럴을 조금 웃도는 정도였으며, 외국 석유회사들이 철수하고 정정이 불안한 현재는 일일 생산량 72만 배럴에 그치고

있다.[7·8]

확인매장량 규모 2,975억 배럴로서 베네수엘라에 조금 못 미치는 2위이며, 미국에 이어 생산량 2위를 기록하는 사우디아라비아가 명실공히 세계 1위의 산유국이라고 할 수 있다. 사우디아라비아의 일일 생산량이 1,214만 배럴이므로 확인매장량만 고려하면 사우디아라비아 유전에서의 생산이 가능한 가채년수는 67년이다. 그런데, 사우디아라비아를 비롯한 중동 국가들의 경우 이미 등록된 확인매장량 외의 자원량이 많지 않다. IEA의 자료에 의하면, 중동 전체의 자원량이 1조 1,390억 배럴로서 이는 확인매장량, 추정매장량, 가능매장량, 발견잠재자원량의 합계이며 전통석유와 비전통석유 모두가 포함된 것이다. 그중 확인매장량이 8,870억 배럴로서 전체 자원량의 78%를 차지한다. 전 세계적으로 볼 때 확인매장량이 전체 자원량에서 차지하는 비율이 28%에 불과한데, 중동 국가의 경우 확인매장량이 78%나 된다는 것은 중동 지역유전은 개발이 이미 확정되고 불확실성이 별로 없다는 것을 말함과 동시에, 추가로 개발할 여지가 있는 유전이 많지 않다는 것을 의미한다.

미국에서 셰일혁명이 일어나 그동안 생산하지 못한 지층들에서 석유가 생산되는 것을 보면서, 중동에서도 현재 생산하는 석유 이외의 다른 지층에서 비전통 석유가 엄청나게 많이 매장되어 있으리라 생각할 수도 있다. 그러나, 비전통 방식으로 셰일층에서 석유와 천연가스를 생산할 수 있는 나라가 그리 많지 않으며, IEA의 보고서에 의하면 중동 국가에서 셰일가스와 셰일오일이 대규모로 생산될 여지가 별로 없다는 것을 알 수 있다.

확인매장량만으로도 67년간 석유를 생산할 수 있는 사우디아라비아가 앞으로도 한참 동안 세계 제1의 산유국의 지위를 누리는 것은 틀림없는 사실이다. 그러나, 석유장관 자키 야마니가 석유시대는 석유가 없어서가 아니라 석유를 쓰지 않아서 사라질 것이라고 했는데, 확인매장량 외 추가 자원량까지 고려하더라도 앞으로 100년이 되지 않아 사우디아라비아의 석유는 고갈되어 산유국으로서의 사우디아라비아는 사라질 것이다.

탐사를 통한 신규 석유·가스전 발견

19세기 중반에 최초의 석유 시추가 있은 이래, 지구상의 사막과 밀림은 물론이고 바다 깊은 곳까지 탐사하게 되었고, 최근에는 해저 2,000미터 이상의 심해에서 석유 시추를 하는 일이 다반사가 되었다. 그런데, 문제는 지구상을 샅샅이 뒤져서 석유나 천연가스를 찾다 보니, 이제는 더 이상 신규 석유·가스전을 찾기가 매우 어려워졌다는 것이다. 이전에 비해 더 깊은 바다에서 더 깊은 지층까지 시추해야 하므로 발견 가능성은 작아지고 탐사와 개발 비용은 훨씬 많이 들고 있다. 성공률이 20~30%에 불과한 석유 탐사에 있어 심해 지역 탐사정 1개 공 시추에 1억 달러 이상이 소요되다 보니 이제는 메이저 회사가 아닌 경우 탐사를 하기가 갈수록 어려워지는 상황이다.

석유 정보업체 IHS Markit의 자료에 의하면 2008년 이후 신규로 발견되는 석유·가스전 숫자가 급격히 줄어들고 있다.[9] 이에 따라 확보하는 자원량도 매년 줄어들어 2012~2021년 10년간 발견한 석유·가스 자원량의 평균은 218억 배럴로서(천연가스는 원유 단위로 환산), 이는 연간 석유·가스 소비량 613억 배럴의 약 1/3에 불과하다. 즉, 지난 10년 동안 탐사를 통해 우리가 필요로 하는 자원량의 1/3만 찾았다는 것이다. 지금까지 찾아낸 자원량으로 80년 정도를 버틴다고 하더라도 추가로 발견되는 석유와 가스가 우리가 쓰고 있는 소비량에 훨씬 못 미친다는 것은 머지않은 장래에 석유와 천연가스가 부족해진다는 것을 의미한다.

그림 12-1 연도별 석유와 천연가스 발견 추이

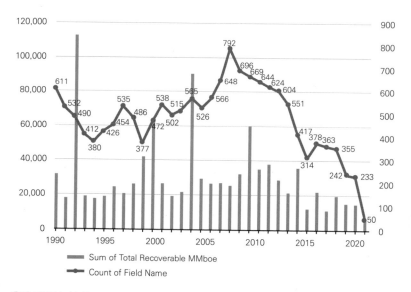

출처: IHS Markit Report

IEA의 보고서에도 1970년부터 매 5년간 발견되는 자원량(짙은 파란 막대)이 계속 줄어드는 것을 보여준다.[10] 자원량이 줄어든 원인이 최근 석유회사가 환경 문제가 대두되어 투자를 줄였기 때문이라고 할 수 있지만, 석유개발 분야 투자 감소는 최근 몇 년간의 현상인데 발견 자원량은 1970년부터 계속 줄어들고 있다. 소비량(회색 점)은 팬데믹을 겪은 2020년~2021년을 제외하고 꾸준히 늘어났는데 발견 자원량이 줄어들어 소비량과 발견 자원량의 간격이 갈수록 벌어지고 있다. IEA의 넷제로 시나리오나 발표공약달성 시나리오에서는 향후 석유 수요가 줄어들므로 크게 걱정하지 않아도 되겠지만 이는 현실적으로 실현 가능성이 희박하며, 이행가능정책 시나리오나 OPEC의 전망대로 석유 수요가 줄어들지 않는다면 장래에 심각한 석유 부족 사태가 온다는 것은 자명한 사실이다.

그림 12-2 연도별 발견 및 개발 승인된 석유 자원량과 소비량 추이

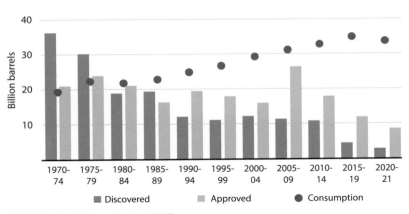

출처: IEA, World Energy Outlook 2022

석유와 천연가스가 모자라는 시대가 도래한다.

지금까지 찾아놓은 자원량만 고려하면 석유는 약 80년, 천연가스는 약 90년가량 쓸 양이 남아있으며, 탐사를 통해 추가로 찾을 가능성을 고려해도 지구상에 남아있는 석유와 천연가스 자원량은 100년을 넘기기 쉽지 않을 것 같다. 물론 최근 화석에너지에 대한 비판이 고조되어 석유개발에 대한 투자가 위축되어 있는데, 석유 공급이 부족하여 유가가 상승하게 되면 다시 석유개발 붐이 일어나게 되는 것은 사실이다. 유가가 상승하면 이전에 경제성이 없어 개발하지 못하던 유전이 개발될 것이며 신규 탐사도 탄력을 받게 될 것이다. 그러나, 아무리 석유 탐사와 개발에 대한 투자를 확대한다고 하더라도 지하자원의 양은 한정되어 있으며, 인류가 소비해 나가는 석유와 천연가스를 지속해서 충족시켜줄 새로운 유전과 가스전이 이전처럼 발견되지 않는다는 것을 IEA와 IHS Markit 자료가 여실히 보여주고 있다.

1970년대에 석유가 40년 후 고갈된다는 석유 고갈설이 나왔는데 2023년 지금 우리에게 아직 100년을 쓸 수 있는 석유와 천연가스가 남아있다니 여간 다행스러운 일이 아닐 수 없다. 그런데, 지난 50년의 경험은 마치 석유가 재물이 계속 나오는 보물단지인 화수분처럼 무한정 솟아나는 자원으로 착각하게 할 수 있다. 그동안은 탐사를 통해 늘어나는 수요량을 채울 만큼 유전과 가스전을 계속 발견하였지만, 이제 한계에 달하여 더 이상 새로운 유·가스전을 발견하기가 매우 어려워졌다. 우리 세대나 우리 자식 세대까지는 석유 부족 사태가 오지 않을 수 있다. 그러나, 100년이라는 그리 머지않은 장래에 인류 생활에 없어서는 안 될 석유와 천연가스가 고갈된다는 현실은 사실상 인류에게는 치명적이라 아니할 수 없다.

석유와 천연가스가 100년 치 가까이 남아있다 하더라도 이는 완전히 고갈될 시기를 말하는 것이다. 하루 약 1억 배럴씩 소비하는 석유의 유가는 공급량에 따라 매우 민감하게 반응한다. OPEC이 석유 공급량에 1%에 불과한 100만 배럴을 증산하느냐 감산하느냐에 온 세계가 촉각을 곤두세우며, 수백만 배럴의 증가와 감산에 따라 세계 유가는 심하게 요동친다. 중동 산유국이 석유 공급을 5% 감산했던 1973년 제1차 석유파동 때 당시 3달러였던 원유 가격이 한 달 만에 12달러로 올랐다.[11] 2020년 COVID−19 팬데믹으로 세계 석유 소비가 7% 감소하니 공급 과잉으로 WTI 선물 유가가 마이너스가 되는 초유의 사태가 발생했다. 그 역으로 세계 시장에 석유 공급이 7% 모자란다면 석유 가격이 엄청나게 오르면서 세계 에너지 시장에 큰 충격을 줄 것이다. 2030년부터 미국의 셰일오일 생산이 감소함에 따라 OPEC의 석유 생산 점유율이 높아지고, 그 이후 중동 산유국의 생산량도 조금씩 줄어들기 시작하면 세계 석유 시장이 수급 불균형 사태가 의외로 빨리 올 수도 있다.

천연가스의 경우 상황이 더욱 심각할 가능성이 있다. 우크라이나 전쟁으로 유럽 국가들이 가스관을 통해 러시아에서 오는 천연가스 의존도를 낮추고 LNG 비율을 높임에 따라 세계적으로 LNG 수요가 늘어나는 추세이다. 최근 늘어나는 LNG 수요에 맞추어 LNG 공급도 증가하고 있어 중단기적으로는 LNG 수급에 문제가 없을 듯하다. 그러나, 장기적으로 볼 때 계속 급증하는 LNG를 비롯한 천연가스 수요를 맞추기 위해서는 신규 가스전을 찾아서 개발해야 한다. 그런데, 가스관을 이용하여 천연가스를 수송하는 경우는 소규모 가스전이라도 개발이 가능하나, 선박을 이용하여 천연가스를 장거리로 수송하는 LNG 설비에는 대규모 투자가 필요하므로 LNG로 개발하기 위해서는 매장량이 적어도 3조 세제곱피트 이상의 대규모 가스전이어야 한다. 세계적으로 LNG로

할 수 있는 가스전이 미국, 카타르, 이란, 호주 및 아프리카와 동남아시아의 몇 개 국가에 국한되어 있는 것이 바로 이 때문이다.

국제 석유 가격과 천연가스 가격은 단기적으로는 수급 상황에 따라 등락을 반복할 것이다. 그러나, 일시적으로 가격이 내려간다고 해서 상황을 오해해서는 안 된다. 장기적으로 볼 때 수요는 계속해서 늘어나는데 공급이 따라가지 못하게 되면 가격이 오를 수밖에 없다. 국가든 기업이든 장기 전략을 세울 때 에너지 가격 상승을 염두에 두고 이에 대한 대비를 철저히 해야 한다.

석유와 천연가스는 얼마나 남아있는가?

지금까지 찾아놓은 석유와 천연가스 자원량은 약 80년 정도 쓸 수 있는 양이며 탐사를 통해 추가로 찾는 것을 고려하면 앞으로 100년 정도 쓸 수 있으리라 추정된다. 석유와 천연가스 수요를 획기적으로 줄이거나 석유를 대체할 에너지를 개발되지 않는다면, 머지않은 장래에 석유와 천연가스 수급 불균형이 생기며 궁극적으로는 석유와 천연가스는 고갈될 것이다.

호모사피엔스의 위기

호모사피엔스의 위기

인류 멸망 시나리오

내셔널지오그래픽에서 '인류 멸망 시나리오 10가지'를 시리즈로 방송하였는데, 이 프로그램은 원래는 스웨덴 TV에서 '10 Ways to End the World'란 제목으로 제작하여 2010년 방영한 것을 내셔널지오그래픽에서도 방영한 것으로서 유튜브에서 동영상을 쉽게 접할 수 있다.[1] 이 프로그램에서 제시한 인류 멸망의 원인 중 슈퍼화산 폭발, 소행성과의 충돌, 초신성 폭발 등과 같은 자연 현상은 후순위이며, 인류가 자초한 원인이 1위에서 5위를 차지하고 있다. 1위는 생물합성에 의한 새로운 바이러스의 생성이며, 2위는 초지능 기계, 3위는 전쟁, 4위는 기후 재앙, 5위는 인공 블랙홀 순이다.

특이한 것은 '생물합성에 의한 바이러스'를 인류 멸망 원인의 1위로 꼽았다는 것이다. COVID-19로 지난 3년간 전 세계가 누구도 예측하지 못한 팬데믹을 거쳤는데, COVID-19 바이러스의 출현이 자연 발생이냐, 인위적 조작의 결과이냐는 여전히 논란의 대상이지만, 인위

CHAPTER 13 호모사피엔스의 위기 **167**

적 조작에 의한 바이러스를 이미 10년 전에 인류 멸망의 첫 번째 원인으로 지목하였다는 것이 경이롭다. 그리고 1차 세계대전 직후 전 세계를 강타한 스페인 독감을 근거로 제시한 '스스로 진화하는 변종 바이러스의 전파'가 6위로 꼽혔다. 지구상의 인류 모두가 혹독하게 경험한 COVID-19 팬데믹을 생각할 때, 바이러스를 인류 멸망의 원인 1위와 6위로 꼽은 것이 예사롭지 않다.

인공지능(Artificial Intelligence, AI)이라고 불리는 초지능기계가 빠른 속도로 개발되어 인류 생활 곳곳에서 요긴하게 쓰이고 있다. 그런데, 인류가 편리하게 사용하려고 개발한 AI가 언젠가는 인간의 통제를 벗어나 인류의 실질적 위협이 될 수 있다는 전문가들의 우려를 자주 접하고 있다.

2차 세계대전 이후 거의 80년간 지구상 여러 나라에서 국지전은 많이 일어났어도 다행히 전 세계적인 전쟁은 없었다. 세계적인 전쟁이 일어나면 핵무기가 사용될 가능성이 크며, 현재 핵보유국들이 가진 핵무기로 인류를 여러 번 멸망시킬 수 있다는 것을 우리는 알고 있다. 1962년 쿠바 미사일 사태 때 핵무기 사용의 위기가 있었으며, 우크라이나 전쟁에서도 러시아의 핵 위협이 나오고 있어 인류는 핵무기라는 시한폭탄을 지니고 살고 있다고 해도 과언이 아니다.

지구온난화

내셔널지오그래픽 시나리오 중 4위인 기후 재앙에 관해서는, 인류의 미래를 위협하고 있는 지구온난화가 이제는 단순한 가설이 아닌 실체적 진실로 다가오고 있다는 것을 느끼고 있다. 지구촌 곳곳에서 일어나는 기상 이변이 실제로는 이변이 아니라 그동안 계속되어 온 기상 상황일 뿐이라는 주장도 있고 기상 이변이 지구온난화 때문이 아니라는 주장도 있지만, 이전과는 다른 기상 이변이 속출하고 있음을 느끼고 있으며, 지구의 기온이 점차 상승하는 것은 이미 과학적인 사실로 밝혀졌다.

기후변화에 관한 정부 간 협의체(IPCC)에서 지구온난화에 대한 위험을 심각하게 경고하고 있으며, 국제에너지기구(IEA)가 탄소 감축을 위한 노력에 관한 여러 가지 자료를 내어놓고 있지만, IEA가 제시한 넷제로 시나리오는 물론이고 온실가스 국가감축목표(NDC)를 기한 내에 달성하는 것을 전제로 한 발표공약달성 시나리오조차도 실현 가능성이 크지 않아 2100년까지 지구의 기온 상승을 2°C 이하로 낮추기가 쉽지 않아 보인다. OECD 국가를 중심으로 탄소 감축을 위한 노력을 많이 하고 있지만, 현재의 추세로 보아 전 세계적으로 볼 때 탄소중립은 고사하고 탄소 감축도 쉽지 않은 상황이다. 지구온난화라는 거센 물결을 막기 버거운 상황이 되고 있다.

지구촌의 모든 인류가 탄소 감축 과정에서 겪을 어려움과 불편을 각오하고 지금보다 훨씬 더 노력해야겠지만, 한편으로는 지구온난화를 피할 수 없는 현실로 받아들이고 이에 따른 대비도 해야 할 것이다. 오랜 세월 동안 여러 번의 빙하기와 간빙기를 거치면서 생존해왔던 호모사피엔스는 기후변화에 어떻게든 적응해 나갈 것이므로, 지구온난화가 인류 멸망의 원인이 되지는 않겠지만 지구온난화로 인해 인류가 많은 고통을 받고 막대한 피해를 보는 것은 피할 수 없을 것이다.

에너지 부족

지구온난화에 대한 우려로 탄소중립이 시대의 화두가 되어 탈화석에너지를 주장하는 목소리가 높아지고 있으나 화석에너지 사용은 쉽게 줄어들지 않고 있다. 특히 우크라이나 전쟁으로 에너지 위기가 고조되자, 화석에너지 확보의 중요성이 강조되고 있으며 심지어는 석탄 사용조차도 증가하고 있다. 인류의 미래를 위해서 지구온난화를 막아야 하겠지만 당장에 필요한 에너지를 줄이기가 쉽지 않다 보니 탄소 감축을 위한 노력과 충돌하고 있는 현실이다.

그런데, 지구온난화보다 못지않게 인류를 위협하는 것이 바로 에너지 공급 문제이다. 지하 깊은 곳에서 찾아낸 석탄, 석유, 천연가스로 인류는 지난 150년 동안 과거 어느 시대와 견줄 수 없는 풍족한 문명 생활을 누려왔었다. 재생에너지를 확대하고 대체에너지를 개발하면 탈화석에너지가 조만간 이루어지리라고 생각하는 이들도 있겠지만, 화석에너지를 사용하지 않고는 문명생활을 유지할 수 없는 세상이 이미 되어 버렸다.

탈화석에너지를 실현하려면 석유로부터 만들어진 화학소재 의복은 모두 벗어버리고 천연 소재인 면화, 삼베, 실크로 만들어진 의복만 입어야 한다. 탄소 소재로 만든 각종 비닐과 플라스틱, 가전제품, 컴퓨터, 자동차 부품, 배관 등 우리 생활 곳곳에 쓰이지 않는 곳이 없는 수많은 탄소 소재 제품을 사용하지 말아야 한다. 또한 석유를 수송 연료로 사용하는 자동차·선박·비행기를 타서는 안 되고, 심지어는 현재 발전 연료의 60%를 화석연료가 차지하고 있으므로 전기를 쓰지 말아야 하며, 전기차·지하철·고속철도 등 전기로 이용되는 수송 수단을 이용해서도

안 된다. 다시 말해 정상적인 생활이 불가능하다는 것이다.

그런데, 문제는 영원히 계속 공급되리라고 생각했던 석유와 천연가스가 지금의 소비를 획기적으로 줄이지 않는다면 약 100년 뒤에는 모두 고갈될 수 있다는 것이다. 대체에너지가 세상을 바꿀 거로 생각하지만, 대체에너지는 대부분 전기를 생산하는 에너지원 역할을 할 뿐이다. 석유화학 원료로서의 석유를 대체할 소재는 전혀 개발되지 않고 있으며, 수송 연료로서의 석유 수요도 좀처럼 줄어들 것 같지 않다. 전기차가 아무리 급속도로 확대된다고 해도 한계가 있어 석유 수요 감소에 미치는 영향이 의외로 크지 않으며, 내연기관이나 제트엔진 연료로서의 석유를 대체할 연료는 아직 개발되지 않고 있다.

내셔널지오그래픽에서 2009년에 '석유가 사라진다면?'이라는 다큐멘터리를 제작했다. 석유가 사라지고 나서 한참 동안 인류가 엄청난 혼란을 겪었지만, 40년이 지나니 수송 수단이 모두 전기로 대체되고 해조류 등 바이오에너지를 연료로 한 비행기와 선박이 운행되어 지구가 다시 안정을 찾는다고 되어있다.

이 다큐멘터리에서는 전기로 대부분의 에너지를 해결한다고 되어있지만, IEA의 발표공약달성 시나리오에서조차도(실현 가능성이 크지 않은) 인류가 전기로 사용하는 에너지는 전체 1차 에너지의 39%에 불과하며, 그 외 61%의 에너지는 수송 연료, 석유화학 원료 등 다른 형태의 에너지로 사용해야 한다. 그리고 전기 외는 바이오에너지로 모두 해결할 수 있다고 한 것은 너무나 비현실적이다. 배터리 용량 문제와 배터리 소재가 되는 리튬, 코발트 등 원료 확보를 모두 해결하여 폭발적으로 증가하는 전기차 수요를 모두 충당한다 가정하더라도, 하루 1,500만 배럴 이상이 필요한 석유화학 원료로서의 석유 문제는 전혀 해결되지 않으며, 하루 1,000만 배럴 이상의 엄청난 양을 소비하는 항공기와 선박 연료를 대체할 바이오에너지를 지구상의 생물로부터 과연 공급할 수 있느냐는 것이다. 현실과는 한참 동떨어진 해결책으로 행복한 결말을 내어버렸다.

석유 고갈설을 비웃는 이들은 끊임없이 발전해 온 인간의 기술 능력으로 수송연료를 대체할 에너지를 개발하고 석유가 아닌 탄소 소재의 원료를 어디선가 발명해 낼 수 있을 거라는 막연한 믿음을 가지고 있는 듯하다. 어디까지 진화할지 알 수 없는 AI와 가상현실, 꿈 같은 우주 시대, 날로 발전해가는 의학 기술을 생각하면 인간의 능력의 한계가 어딘지 궁금하게 하는 것은 사실이다.

그런데, 에너지를 활용하여 다양한 분야에서 새로운 기술이 끊임없이 발전해 왔지만, 에너지 분야 자체는 획기적인 기술개발이 이루어지지 않고 있다. 수송연료와 석유화학 원료로서의 석유를 대체할 에너지와 소재를 개발하려고 수십 년 동안 연구해 왔으나 아직도 뚜렷한 성과를 내지 못하고 있다. 인간의 능력으로 끝없이 발전해나가는 분야가 있는 반면에, 기술이 정체 상태인 분야도 엄연히 존재한다는 것을 인정해야 한다. 지난 수십 년 동안 제대로 되지 않았음에도 불구하고, 인간의 능력으로 에너지 문제를 해결할 무엇인가를 개발해내고야 말 것이라는 막연한 기대를 하는 것은 비현실적이다.

인류 사회의 혼란은 석유가 모두 사라진 100년 후에 오는 것이 아니다. 문명을 지탱해주고 오늘날의 안정된 인간 생활을 유지하는 근간이 되는 석유와 천연가스의 공급 부족이 시작되면 그 혼란은 걷잡을 수 없는 지경이 되어 버릴 것이다. 일시적인 에너지 수급 불균형에도 유가가 심하게 요동치면서 세계 경제에 큰 영향을 미쳐왔는데, 본격적인 공급 부족 사태가 도래하면 세계 에너지 시장은 물론이고 전 세계 경제에 엄청난 영향을 미치며 국가 간에 에너지 확보를 위한 치열한 경쟁이 일어날 것이다.

에너지 수급 불균형이 일어나면 에너지 강국과 빈국 간의 에너지 빈부 격차에 의해 경제적 상황이 달라질 것이다. 석유와 천연가스 같은 화석에너지는 그나마 수입을 통해 조달은 가능하겠지만 非산유국은 에너지 가격 상승으로 인해 감당하기에 무리할 정도로 경제에 큰 부담이 될수 있다. 재생에너지나 원자력발전으로 생산하는 전기의 경우 유럽과 같이 역내 전력망이 연결된 지역을 제외한 대부분 국가에서는 전기를 수입할 수가 없어 자체적으로 전력 문제를 해결해야 하는데, 전기를 충분히 생산할 여건이 되지 않으면 에너지 부족에 시달릴 수밖에 없다. 화석에너지든 재생에너지든 에너지가 풍부한 국가의 경제는 성장할 것이고 에너지 빈국은 에너지 부족과 고비용으로 경제적 타격을 받게 될 것이다. 에너지의 조달 여부에 따라 세계 경제의 판도가 바뀔 수 있다.

호모사피엔스의 위기

현생인류의 조상인 호모사피엔스가 지구상에 출현한 지 수십만 년이 지났고, 인류가 문명 생활을 시작한 지도 1만 2,000년이 되었다. 지구상에서 오랜 세월 생존하면서 에너지라고는 장작을 때워 불을 피우는 데 그쳤던 인류가 1차 산업혁명으로 석탄 사용을 시작하고 2차 산업혁명으로 석유를 사용하는 두 차례의 에너지 혁명을 이루면서 엄청나게 발전해 왔다.

19세기 후반 이전만 하더라도 아무리 먼 거리라고 해도 걸어서 다녔고 일부 특권층만이 말을 수송 수단으로 이용했는데, 이제는 평범한 시민도 자동차를 타고 원하는 곳을 마음대로 다니며, 막대한 연료를 소비하는 비행기를 타고 전 세계 원하는 곳으로 여행을 다닌다. 지구촌 수많은 사람의 손에는 스마트폰이 들려있고 스마트폰으로 각종 뉴스와 영화를 시청한다. AI가 우리 생활의 많은 것을 해결해 주고, 빅데이터를 활용하여 다양한 전 세계의 정보를 순식간에 파악하며, 가상현실을 체험하고 엄청나게 진화한 컴퓨터 게임을 즐기고 있다. 심지어는 우주여행을 하면서 머지않은 장래에 우주 도시를 건설할 꿈까지 가지게 되었다. 무한정 발전하는 인류의 기술개발에 경이를 금할 수 없게 만든다. 이 모든 문명의 발전이 에너지의 공급이 지속되었으며, 에너지를 이용하는 데 드는 비용이 크게 부담스럽지 않았기에 가능했다.

그런데, 문명 발전의 근간이 되었던 화석에너지가 내뿜는 온실가스로 인한 지구온난화로 지구촌 곳곳에서 기후 재앙이 빈번하게 일어나고 있으며, 공해물질로 건강에 심각한 위협을 받고 있다. 더 큰 문제는 석유와 천연가스 공급이 점점 한계에 달하고 있다는 것이다.

인류는 그동안 전 세계 곳곳을 누비며 석유와 천연가스를 찾아왔다. 육상에서 시작된 석유 탐사는 얕은 바다를 거쳐 이제는 2,000미터 이상의 심해에서 석유를 찾고 있으며, 지구상의 사막과 정글 깊숙한 곳까지 석유 탐사의 손길이 가지 않은 곳이 거의 없다고 해도 과언이 아니다. 수천만 년 동안 땅속 수천 미터 깊숙이 숨어있던 석유와 천연가스를 지난 150년 동안 샅샅이 뒤져 대부분 찾아내었는데, 영원히 계속 있을 것 같은 지하의 석유를 이제는 찾기 매우 어려워졌다.

석유 고갈까지 가지 않더라도 머지않은 장래에 다가올 석유 부족 사태는 인류 생활에 지대한 영향을 미친다. 재생에너지와 원자력발전, 대체에너지 개발로 전기에너지 공급은 어느 정도 유지된다고 하더라도 수송용 연료, 특히 항공기와 선박용 연료로서의 석유 부족으로 전 세계 수송 체계에 혼란을 가져올 것이며, 무엇보다도 인류 생활 곳곳에 쓰지 않는 곳이 거의 없는 석유화학제품 원료로서의 석유 부족이 인류 생활에 미치는 영향은 상상을 초월할 것이다.

호모사피엔스 출현 이후 오랜 세월 자연과 더불어 살아왔던 인류가 지난 150년 동안 재생이 불가능한 화석에너지를 엄청나게 사용하면서 획기적인 인류문명의 발전을 이루었는데 이제 그 호사를 누릴 날이 머지않은 것 같다. 호모사피엔스의 심각한 위기가 다가오고 있다.

호모사피엔스의 위기

지구온난화로 인한 기후변화가 일어나고 있고, 에너지 공급 부족 사태가 발생할 가능성이 있어 호모사피엔스의 위기가 다가오고 있다.

무엇을 어떻게
해야 하나?

무엇을 어떻게 해야 하나?

에너지와 탄소 소재 제품 소비 절약

탄소 감축과 에너지 문제 해결을 위해 가장 필요한 것은 에너지와 탄소 소재 제품 소비를 획기적으로 줄이는 것이다. 원자력, 재생에너지, 수소 등 화석에너지를 대체할 다양한 에너지를 개발하고 활용하고 있지만, 이산화탄소 배출량은 쉽게 줄지 않고 있으며 화석에너지 사용량은 오히려 늘어나는 실정이다. 배출되는 이산화탄소를 인위적으로 처리하는 유일한 수단이 탄소포집활용저장(CCUS)인데 CCUS를 통한 이산화탄소 처리량은 미미한 수준이며 앞으로도 그 처리량이 대폭 늘어나리라고 기대하기 어렵다.

화석에너지 수요 자체를 대폭 줄이지 않고서는 기후변화와 에너지 위기를 극복할 수 없다. 그동안 소중한 에너지자원을 너무 값싸게 대량으로 소비해왔다. 화석에너지는 재생되는 것이 아니라 생성되는데 수백만~수천만 년이 걸리는 엄청나게 소중한 자원인데 그 귀중함을 모르고 너무나도 쉽게 사용해왔다. 산업혁명 이전에는 인류는 생존에 필요한 에너지만 자연으로부터 얻어 사용하였는데, 지금은 단순한 즐거움과 조금 더 편리한 생활을 위해 사용되는 에너지가 막대하다.

자기 체중의 30배가 넘는 자동차를 혼자서 타고 다니며, 친환경이라면서 배터리 무게만 500kg로서 내연기관 자동차보다 더 무거운 전기차를 타고 다닌다. 우리에게 편리함과 즐거움을 주는 스마트폰이나 게임, 인공지능(AI), 챗GPT, 빅데이터, 가상현실(VR) 등의 눈부신 발전으로 전기 소모는 해마다 빠른 속도로 증가하고 있다. 전기와 같은 2차 에너지로 에너지를 변환하는 과정에서 발생하는 에너지 손실이 무려 전체 에너지 공급의 30%에 달한다. 2차 에너지인 전기 생산을 위한 에너지 소모가 많다는 점과 전기를 생산할 수 있는 재생에너지와 원자력의 대폭 확장에 한계가 있다는 것을 고려하여 전기 사용을 최대한 줄여야 한다.

에너지뿐만 아니라, 우리 생활 곳곳에 쓰이지 않는 곳을 찾기 힘들 정도로 다양하게 쓰이는 탄소 소재 제품 소비를 줄여야 한다. 일회용품 사용 자제는 물론이고 이전의 절약 정신을 되살려 소비재 전체의 사용을 줄임으로써 화석에너지 수요를 줄임은 물론이고 해결하기 어려운 문제로 다가오고 있는 쓰레기도 줄일 수 있게 된다.

탈화석에너지를 주장하겠다고 엄청난 항공유를 소비하는 비행기를 타고 유럽으로 가서, 여전히 60%의 화석에너지로 생산되는 전기로 다니는 지하철을 친환경 수송 수단이라며 전혀 부담감 없이 타고, 탄소 소재 옷을 입고 신발을 신고 탄소 소재로 된 플래카드를 들고서 화석에너지를 쓰지 말자고 구호를 외치는 모순을 범하고 있는 현실이다.

스웨덴 환경운동가 그레타 툰베리가 유엔 기후행동 정상회의 참석 시 온실가스를 과다 배출하는 비행기를 타지 않고 태양광 요트를 타고 대서양을 횡단했지만, 정작 툰베리가 이용한 요트의 선원 수 명이 비행기를 타야 해서 더 많은 이산화탄소를 배출하게 되었다는 비판을 받고 있다. 친환경 태양광 요트를 탔다고 하지만 그 요트 자체는 석유로부터 만든 탄소 소재 또는 제철용 석탄을 활용하여 생산한 철강 제품으로 만든 선박이다. 화석에너지로 인한 온갖 혜택을 누리면서 탈화석에너지를 주장하는 셈이다.

에너지 고비용 시대가 다가오고 있어 에너지 절약과 에너지 효율화가 중요한 과제로 대두될 것이다. 탄소중립과 탈화석에너지라는 실현 불가능한 구호를 외치기보다는 현실을 제대로 인식하고 생활 속에서 에너지와 소비재를 절약하는 운동을 대대적으로 벌여야 한다. 정부는 이를 위한 정책적 배려를 하면서 필요한 제반 법규와 제도를 만들고, 기업은 에너지 의존도가 높은 사업을 과감히 줄여나가고 에너지 효율화를 위한 투자를 아끼지 말아야 한다. 값싼 에너지를 쓸 수 있는 때는 지나가고 있다.

재생에너지 확대

非화석에너지로서 확대가 가능한 것은 태양광과 풍력과 같은 재생에너지와 원자력발전이다. 재생에너지와 원자력발전은 서로 경쟁해야 할 대상이 아니라, 둘 다 지구온난화와 에너지 공급 문제를 해결하기 위한 수단으로 대폭 늘여야 하는 소중한 에너지자원이다. 우리나라에서는 지난 정부에서 탈원전과 재생에너지 확대를 추진하였는데, 현 정부에서는 지난 정부의 탈원전에 대해 비판하다

보니 재생에너지도 비판의 대상이 되고 말았다. 재생에너지와 원자력발전 모두 우리나라에서는 기후나 지형 여건으로 보아 대폭 확장하기는 무리가 있는 발점임을 인식하고, 여러 전문가들이 지혜를 모아 어떻게 확장해 나갈지 신중하게 결정해야 한다.

태양광과 풍력발전을 하기 위해서는 기후 여건이 좋아야 하며 넓은 토지를 이용할 수 있어야 한다. 기후와 지리적 여건이 유리하여 경제성 있는 태양광과 풍력발전이 가능한 나라가 제한적이어서, 여전히 지구상의 많은 국가에서 태양광과 풍력발전에 대해서는 정부가 재정 보조를 해주는 실정이다.

우리나라에서는 그동안 재생에너지 중 태양광발전에 집중하여 태양광의 경우 세계 평균과 비슷한 수준까지 올라왔으나 풍력발전은 세계 평균에 훨씬 못 미치는 수준이다.[1] 삼면이 바다로 둘러서 쌓여 있는 우리나라의 지리적 특성에서는 해상 풍력을 대대적으로 확장할 필요가 있다. 영국을 비롯한 유럽 국가들이 북해와 북해 연안에 대규모 풍력 단지를 조성하고 있다는 사실에 유념해야 한다. 더구나 먼 바다에 건설되는 부유식 해상풍력은 전 세계적으로 이제 막 시작 단계에 있으며, 우리나라의 앞선 해양플랜트 산업의 역량을 발휘할 수 있는 분야이므로 적극적으로 확대해 나가야 한다.

표 14-1 우리나라 에너지원별 발전 비율

에너지원	전 세계	한국
석탄	36%	35%
천연가스	23%	29%
석유	2%	0.1%
원자력	10%	27%
기타		1%
재생에너지	29%	8%
수력	15%	1%
태양광	4%	4%
풍력	7%	1%
바이오	3%	2%

출처: IEA, World Energy Outlook 2022
에너지경제연구원, 2022 에너지통계연보

태양광발전의 경우 그동안 좁은 국토에서 태양광 시설을 설치하느라 산림과 농토를 훼손했다는 비난을 들어왔지만 그래도 계속 확장해 나가야 한다. 무분별한 확장이 아니라 건물의 옥상이나 유휴 부지 등을 활용하고 태양광에 적합한 지역을 잘 선정해야 할 것이다.

태양광과 풍력발전 외의 재생에너지 발전을 위해 연구를 오랫동안 해 왔지만 아직은 대규모 발전을 할 수 있는 다른 재생에너지를 찾지 못하고 있다. 조력발전, 지열발전 등 우리나라에서 가능한 재생에너지 발전을 최대한 발굴해 나가야 한다.

우리나라에서는 재생에너지 발전의 허가권이 지방자치단체에 있다보니 그동안 지방자치제 중심으로 우후죽순식으로 개발되어 온 점이 없지 않다. 태양광과 풍력발전을 대폭 확장하기 위해서는 국가 전체의 지리적, 기후적 여건을 고려한 마스터플랜을 수립하여 체계적으로 개발해야 한다. 특히, 재생에너지의 치명적인 결함인 간헐성과 국가 전력망(National Grid) 연결 문제로 제주도와 같이 발전 제한이 발생하는 것을 방지하기 위해서라도, 국가 전력망에 연결하는 송변전 설비 건설 등 국가적인 마스터플랜 하에 개발이 진행되어야 할 것이다.

분산형 전원 확대

재생에너지의 간헐성을 해결하기 위해 국가 전력망에 연결해야 하는데, 이렇게 되면 재생에너지가 대폭 확대될 때 전력 시스템의 안정을 유지하기 어려운 점이 있으며, 송변전 설비를 대대적으로 설치해야 하므로 막대한 비용 부담이 발생할 수 있다. 우리나라에서 풍력발전이 많은 제주도와 태양광발전이 많은 호남 지역에 전력 과잉 공급이 발생해 출력제한 조치가 시행되는 경우가 종종 있다. 전력 시스템의 안정을 유지하기 위한 불가피한 조치이지만, 발전소 건설을 위해 투자한 발전 사업자에게는 경제적 손실을 초래하고 국가적으로도 재생에너지 확대에 중요한 걸림돌로 작용하게 된다.

이러한 문제를 해결하기 위해 재생에너지에서 만드는 전기를 각 지역에서 직접 소비하는 분산형 전원을 확대할 필요가 있으며, 이를 위해서는 재생에너지의 간헐성을 보완하는 장치가 필요하다. 아직은 에너지저장시스템(ESS)이 발전소 규모의 전기를 저장하기에는 비용이 많이 드는 것으로 알려져 있는데, 전기를 저장하는 ESS에 관한 연구에 더욱 박차를 가하여 지금보다 저렴한 비용으로 효율적으로 전기를 저장할 수 있는 ESS가 개발되어야 할 것이다.

전기 저장의 한계와 재생에너지의 간헐성 문제를 해결하기 위한 수단으로 가스발전이 증가하고 있다. 천연가스가 청정연료라고 하지만 천연가스 연소 시에 석탄 연소의 절반 정도에 해당하는 CO_2가 발생한다. 천연가스를 대체하여 재생에너지의 간헐성을 보완할 수 있는 에너지가 바로 수소에너지이다. 저장이 가능한 수소의 장점을 활용하여 재생에너지가 전기를 생산할 수 없을 때 언제라도 전기를 생산함으로써 지속적인 전력 공급이 가능하게 하는 것이다.

그런데, 블루수소와 그린수소 같은 친환경 수소를 경제성 있는 비용으로 생산할 수 있는 국가가 제한되어 있으므로, 우리나라와 같이 수소 생산 여건이 불리한 나라는 필요로 하는 수소 대부분을 수입할 수밖에 없다. 아직 대용량 수소 수송의 상용화가 이루어져 있지 않지만 머지않은 장래에 상용화가 이루어질 것이므로, 우리나라도 선제적으로 준비하여 공급처 확보, 적절한 수송 수단 선정, 수입 터미널 건설, 관련 법령 제정 등 수소 수입을 위한 제반 체계를 미리 갖추어야 할 것이다.

원자력발전 확대

우리나라는 그동안 원전 확대와 탈원전으로 이념 대립을 해왔으나, 우리가 당면한 탄소 감축과 에너지 위기를 고려할 때 더는 탈원전을 할 수 없는 상황이다. 원자력발전의 문제점을 잘 해결하면서 계속 확장해 나가야 한다.

원자력발전의 큰 문제점으로 지적되는 것이 방사성 폐기물, 그중에서도 고준위 방폐물 처리 문제이다. 우리나라는 고준위와 중·저준위 방폐물 처분을 분리하기로 하여 중·저준위 방폐물 처분시설 부지로 경주가 선정되어 지금까지 안전하게 처분되고 있으나, 고준위 방폐물 처분은 아직 표류하고 있다.

2016년 고준위방사성폐기물 관리 기본계획을 수립한 후 여러 차례 정책안이 나오고 특별법안도 발의되었으나 아직 진전을 보지 못하고 있다.[2] 외국의 사례를 볼 때 고준위 방폐물 영구 처분시설은 부지 선정부터 건설 인허가를 거쳐 최종 건설될 때까지 40년 이상이 소요되는데 우리는 아직 시작도 못 하고 있다. 이미 포화율 80% 이상인 고리 및 한빛 원전이 2031년 포화가 시작되는데 아직 법안마저 없는 실정이다. 고준위 방폐장 처분 문제를 해결하지 않고서는 원전을 확대해 나갈 수 없다.

원자력발전 확대를 위해서는 당연히 신규 원전 계획이 수립되어야 하는데, 2023년 1월 발표된 제10차 전력수급기본계획에는 지난 정부에서 건설을 취소한 신한울 3, 4호기 건설 외의 신규 원전 건설계획은 없었다.[3] 부지 선정에서부터 10년 정도 걸리는 원전 건설 기간을 고려하면 신규 원전 건설에 관한 최소한의 계획이 없다는 것은 현 정부에서의 원전 확대 의지를 의심스럽게 하였는데, 정부는 제11차 전력수급기본계획에는 반영하겠다고 하니 그나마 다행이다. 탈원전을 비판하면서도 막상 우리 지역에 원전 건설은 반대하는 NIMBY(Not in my backyard) 현상이 우리 사회에 만연하고 있지만 국가의 백년대계를 위해 에너지정책은 좌고우면하지 말고 과감히 추진해야 한다.

대체에너지 개발

소형모듈원전(Small Modular Reactor, SMR)이 새로운 에너지원으로 부각되고 있다. SMR은 하나의 용기에 냉각제 펌프를 비롯하여 원자로, 증기발생기, 가압기 등 주요 기기를 담아 일체화시킨 원자로로, 전기출력 300MW 이하의 전력을 생산할 수 있다.[4] 조립이 쉽고 냉각수가 필요 없어 해안가가 아닌 육지에 건설할 수 있다는 장점이 있다. SMR 상용화를 위한 연구를 한 지도 상당한 시간이 지났지만, 출력 규모가 작을수록 생산단가가 올라간다는 약점으로 인해 여태껏 상용화 소식이 들려오고 있지 않다. 원자력발전 분야에서 세계적인 기술을 보유하고 있는 우리나라에서 선도적으로 연구 결과가 나오기를 기대해 본다.

현재 연구가 진행 중인 대체에너지로 핵융합발전이 있다. 중수소의 핵융합 반응 시 발생하는 에너지를 활용하여 전기를 생산하는 발전방식이다. 핵융합 에너지는 에너지 밀도가 매우 높고 연료인 중수소는 바닷물에 일정 비율 녹아있어 공급이 무한정 가능하므로 미래 에너지로 각광받고 있다.[5] 현재 우리나라를 포함해서 여러 나라에서 활발히 연구를 수행하고 있으나 아직 성과가 나지 않는 분야이다. 우리나라에서 괄목할 연구 성과가 나도록 정부가 적극적으로 지원해야 할 필요가 있다.

대체에너지 대부분은 전기에너지를 만드는 것이므로, 전기 외 에너지의 큰 부분을 차지하는 수송 연료로서의 석유를 대체할 연료 개발이 무엇보다 필요하다. 현재 대체 연료로 사용되고 있는 바이오디젤과 에탄올은 연소과정에서 발생하는 탄소 배출도 상당한데다, 생산단가가 워낙 높으며 동물과 식물의 기름을 사용하므로 그 확장성에 한계가 있다.

전기에너지를 만드는 대체에너지 개발 못지않게 수송 연료로 활용될 수 있는 대체에너지를 개발하는 것도 인류가 해내어야 할 대단히 중요한 과제이다.

전기차 생산 및 수요 확대

재생에너지와 원자력발전을 아무리 확대해도 전기에너지로는 전체 1차 에너지 공급의 40%를 넘기 힘들다. 전기 외의 다른 형태의 에너지 수요가 많으며 특히 수송 연료로서의 석유 수요가 여전히 상당하기 때문이다. 항공기나 선박의 경우 석유 외의 대안이 별로 없으므로 도로 수송 부문에서의 석유 수요를 줄여야 하며 이를 위해서는 내연기관 자동차를 전기차로 훨씬 빠른 속도로 대체해 나가야 한다. 전기차의 신규 판매가 10배 늘어난다고 하더라도 전체 시장 점유율에서 차지하는 비율은 여전히 내연기관 자동차가 훨씬 높은 상황이며, OPEC의 전망으로는 20년이 지나도 여전히 내연기관 자동차의 점유율이 73%를 차지한다.

내연기관 자동차와 비교해 가격이 높은 전기차 확대를 위해서는 정부의 지원과 정책적 배려가 필요하며 전기차 충전 인프라도 대폭 확대되어야 한다. 배터리 소재가 되는 리튬, 코발트, 니켈 등 광물도 충분히 확보되어야 하며, 상용차의 장거리 운행이 가능하도록 배터리 용량을 최대한 늘리기 위한 연구도 속도를 내어야 할 것이다. 선진국은 물론이고 개발도상국에서도 전기차가 대폭 보급되도록 국제사회가 힘을 모아야 한다.

기후변화에 대한 대비

지구온난화를 늦추기 위한 탄소 감축을 위한 노력을 훨씬 적극적으로 계속해야겠지만, 탄소중립은커녕 탄소 감축에 한계가 있다는 사실을 깨닫고 지금부터라도 지구온난화로 인한 기후변화와 기상 재해에 대해 대비해야 한다. 어쩔 수 없는 기상 이변이야 사전에 대책을 세울 수가 없지만, 지구온난화의 영향으로 밝혀진 것은 더 이상 기상 이변이 아니라 앞으로 상시로 일어나는 현상이라는 것을 깨닫고 대책을 세워야 한다.

전 세계 곳곳에서 아열대화와 사막화가 진행되고 있으며, 우리나라도 예외가 아니다. 일시적인 기상 이변이라고 하기에는 너무 자주 발생하는 고온화와 건조화를 그대로 받아들여 이제는 장기적인 대책을 수립해야 한다. 일상화된 산불과 물 부족 사태를 어떻게 해결할 것인가 고민해야 하고, 농작물의 식생 변화에 관한 연구와 대책 수립이 필요하다. 혹한과 혹서, 더욱 자주 그리고 강력해지는 태풍에 대해서도 피해 방지를 어떻게 할 것인지도 대책을 세워야 한다.

장기적으로는 기온 상승에 대한 해수면 상승이 어느 정도인지를 파악하여 해안 저지대의 개발을 멈추고 해수에 잠기게 될 지역을 파악하여 대비책을 세워야 할 것이다.

국제사회의 탄소 규제 대처

우리나라는 OECD 국가의 일원으로서 탄소 감축을 위한 국제사회의 노력에 적극 부응해야 할 필요가 있다. 그러나, 탄소중립은 실현이 거의 불가능한 목표이며 탄소 감축은 EU 선진국에 의해 주도되고 있다는 사실을 인식해야 한다.

이들 EU 선진국은 이전 산업화 과정에서 이미 엄청난 이산화탄소를 배출하여 지금은 소위 굴뚝산업에서 상당히 자유로운 국가이며, 다른 국가들에 비해 상대적으로 수력과 풍력발전 등 재생에너지 발전량이 비교적 많은 국가이다. 또한 일찍부터 재생에너지 산업을 선도해 와서 재생에너지가 확장될수록 경제적 이익을 볼 수 있는 국가들이다. 탄소세, 탄소국경조정제도, RE100 등 탄소 감축을 위한 각종 규제에서 피해를 보기보다는 오히려 이득을 볼 수 있는 국가이다. 물론, 탄소 감축을 위한 노력이 국가의 이익을 위한 것이 아니고 지구온난화를 막기 위한 순수한 의도로 출발했겠지만, 개발도상국에 비해 덜 피해를 보는 국가인 것은 분명한 사실이다.

탄소세(Carbon Tax)는 일정 탄소량에 대해 세율을 정하고 배출량에 비례해 세금을 부과하는 방식이며, 배출권거래제(Emission Trading System, ETS)는 국가가 배출량의 총량을 정해놓고 그 총량 내에서 각 기업 등에 배출량을 할당하는 방식인데, 할당된 배출량 이상으로 탄소를 배출하기 위해서는 다른 기업으로부터 배출권을 구매해야 한다. 이미 많은 국가에서 탄소세와 배출권거래제를 이미 시행하고 있다.

EU 국가들을 중심으로 하여 기업에 대해 탄소 감축을 요구하는 압력은 더욱 강해질 것이다. 2023년 시범 도입을 거쳐 2026년부터 시행될 예정인 탄소국경조정제도(Carbon Border Adjustment Mechanism, CBAM)는 탄소 배출량 감축 규제가 강한 국가에서 상대적으로 규제가 덜한 국가로 탄소 배출이 이전하는 탄소 유출 문제 해결을 위해 EU가 도입하고자 하는 무역관세의 일종으로서 EU로 수입되는 제품의 탄소 배출량에 대해 수입자에게 EU 탄소배출권거래제와 연계된 탄소 가격을 부과하는 제도이다.[6·7]

기업에서 사용하는 전력의 100%를 재생에너지로 대체하자는 RE100(Renewable Energy 100%)이 이미 시작되어 유럽과 미국의 일부 기업들이 우리나라 기업에 대해 RE100에 참여하도록 압박을 가하고 있는 실정이다. 우리나라에서는 최근 RE100 대신에 원자력발전도 포함하는 CF100(Carbon-Free 100%)으로 하자는 주장이 제기되고 있다.

우리나라의 경우 OECD 가입국이며 세계 10위권의 경제 대국이지만, 유럽 선진국과는 달리 여전히 탄소 배출이 많은 산업을 가지고 있는 국가이다. 철강, 정유, 석유화학, 발전, 시멘트 등이 여전히 우리나라의 주력산업인데 산업체에서 발생하는 이산화탄소를 줄일 준비가 아직 충분하지 않다. 게다가, 우리나라는 석유를 생산하고 있지 않지만, 대량의 원유를 수입하여 정유 제품과 석유화학 제품을 만들어 수출하는 석유 의존도가 매우 높은 국가이다. 주력 기업들이 엄청난 전력을 소비하며 국민 1인당 전력 소비가 대단히 많은 국가이므로, 늘어나는 전력 소비를 충당하고 과도한 전기요금 인상을 피하기 위해서는 석탄발전과 가스발전 연료인 화석에너지 수요를 급격히 줄일 수 없다.

우리나라가 선진 국가의 탄소 감축에 무조건 따라갈 수 없는 상황이라는 점을 인정해야 한다. 국제사회의 요구에 따라 2030년까지 온실가스 국가감축목표(NDC) 40%를 달성하겠다고 발표했지만, 우리나라 산업 현실에서 매우 달성하기 어려운 목표라는 것을 인식하고 좀 더 신중하게 접근했어야 했다. 다소 늦은 감이 있지만 지금부터라도 정책 입안자들은 국제사회의 요구에 대해 우리나라 현실을 고려한 견해를 밝혀야 할 것이다. OECD의 책임 있는 국가로서 기후변화 대처에 대해 국제사회에 약속하는 것 자체를 신중히 해야지, "아니면 말고" 식으로 쉽게 공약하고 나중에 실천하지 못한다면 국제사회로부터의 비난을 면할 수 없을 것이다. 공언한 약속을 실천하지 못하기보다는 계획수립 단계에서 양해를 구하는 것이 책임 있는 국가로서의 올바른 행동이다. 또한, 국가의 온실가스 감축 관련 실천 계획을 수립하면서 목표 달성 시점을 뒤로 미루어 우선 책임을 면해 보겠다는 무책임한 정책을 수립해서는 안 된다.

EU 국가에 비해 우리나라는 산업 구조상 탄소 배출을 급격히 줄이거나 재생에너지만을 사용할 수 없는 기업들이 많은 현실이므로, 탄소 배출에 대한 규제는 기업이 자체적으로 해결하기는 역부족이다. 물론 기업이 배출량 감소를 더 이상 미루지 말고 적극적으로 대처해 나가야겠지만, 정부는 기업이 경쟁력을 유지하면서 탄소 배출 규제에 대응해 나갈 수 있도록 정책적 배려를 해야 할 것이다.

맺는 글

두 차례의 산업혁명을 가능하게 한 석탄과 석유로의 에너지 전환은 오늘날 인류문명의 번영을 가져온 발전적 전환이었다. 호모사피엔스 출현 이후 인류 최고의 황금기를 누리는 것이 가능하게 했던 화석에너지가 이제는 이산화탄소 배출을 통해 우리를 위험하게 하며, 한편으로는 그 화석에너지가 머지않은 장래에 고갈될 수 있다는 사실이 우리를 불안하게 한다. 탄소중립과 탈화석에너지를 외치지만, 지구상에서 발전을 계속해 나가고자 하는 인류의 욕구가 존재하는 한, 탄소중립과 탈화석에너지는 공허한 외침에 불과하다.

획기적인 에너지 전환이 필요한 때이다. 에너지 전환 시대에 재생에너지, 친환경 수소, CCUS 등을 통해 신사업 창출의 기회가 있는 것은 사실이다. 그러나, 지금의 친환경 에너지로의 전환은 산업혁명에서의 에너지 전환과 같은 저비용, 고효율의 발전적 전환이 아닌 인류의 생존을 위해 어쩔 수 없이 선택해야 하는 에너지 전환이다. 따라서, 에너지 전환 시대의 우리에게는 새로운 기회보다는 훨씬 많은 희생이 따라야 한다는 점을 인식해야 한다. 모든 허구를 집어 던지고 국가와 기업, 일반 소비자 모두가 현실을 제대로 인식하면서 그 대책을 현명하게 마련해 나갈 때이다.

책을 집필하는 과정에서 과학자로서 탄소중립과 에너지에 대해 최대한 객관적인 사실을 기술하고자 노력했다. 정치나 이념이 과학을 이기려 해서는 안 된다. 과학은 진실을 대변하기 때문이다. 물론 과학을 하는 전문가 사이에도 똑같은 사실에 대해 서로 다른 다양한 의견이 있을 수 있지만, 진정한 과학자라면 사실로 밝혀진 내용에 대해서는 인정해야 한다. 과학적 사실 내지 사회·경제적 현실을 직시하지 않고 탄소중립이나 탈화석에너지의 당위성만 강조하다 보면 상황을 더 악화시킬 수 있다. 친환경 에너지에 관한 장밋빛 비전을 이야기하기보다는 이제는 고비용 에너지 시대가 올 수밖에 없다는 점을 솔직하게 인정하고 에너지 전환에 따른 희생을 치를 각오를 우선 해야 한다.

인류의 미래와 국가의 존망이 달릴 수도 있는 환경과 에너지 문제에 대해서 객관적 사실을 무시한 채, 불필요하게 계속해 온 논란과 부질없는 노력, 허황한 약속은 그만하고 이제는 사실에 바탕을 둔 실질적인 대책을 마련해야 할 때이다.

참고문헌

 Chapter **01** 에너지와 함께 한 인류문명

1 Reuters, "Happy 350,000th birthday: Study pushes back Homo sapiens origins", September 29, 2017.

2 Steven R. James, "Hominid use of fire in the Lower and Middle Pleistocene", *Current Anthropology* 30 (1) (1989), 1-26.

3 Nicholas Kropacek, "Lost civilization of Anatolia: Göbekli Tepe", *World History Encyclopedia*, December 8, 2020.

 Chapter **02** 지구온난화는 일어나고 있는가?

1 Julia Rosen, "The science of climate change explained: Facts, evidence and proof", *The New York Times*, April 19, 2021.

2 위키백과, "지구정상회의"

3 위키백과, "교토 의정서"

4 Intergovernmental Panel on Climate Change, *Summary for Policymaker. In: Climate Change 2021: The Physical Science Basis, Contribution of Working Group I to the Sixth Assessment Report of the Intergovernmental Panel on Climate Change*, pp. 4-11.

5 M. L. Khandekar et al. "The global warming debate: A review of the state of science", *Pure and Applied Geophysics* 162 (2005), 1557-1586.

6 Rebecca Lindsey, "Understanding the Arctic polar vortex", *National Oceanic and Atmospheric Administration, Climate Government News and Features*, March 5, 2021.

7 Jean-Marie Alempic et al, "An update on eukaryotic viruses revived from ancient permafrost", *Viruses* 15 (2) (2023).

8 Kimberly R. Miner et al., "Permafrost carbon emissions in a changing Arctic", *Nature Reviews Earth & Environment* 3 (2022), 55-67.

Chapter 03 탄소중립이란?

1 Samuel Kingsley, "Carbon neutral and net zero - what do they mean?", *World Economic Forum*, August 23, 2022.

2 Intergovernmental Panel on Climate Change, *Summary for Policymaker. In: Climate Change 2022: Mitigation of Climate Change, Contribution of Working Group III to the Sixth Assessment Report of the Intergovernmental Panel on Climate Change*, pp. 6-9.

3 International Energy Agency, *World Energy Outlook 2022*, p. 439.

4 International Energy Agency, *World Energy Outlook 2021*, p. 27.

5 한국정부 관계부처 합동, "2030 국가 온실가스 감축목표(NDC) 상향안", 2021년 10월 18일.

6 International Energy Agency, *World Energy Outlook 2022*, pp. 63-64.

7 U.S. Energy Information Administration, *International Energy Outlook 2021*, pp. 1-3, 17.

Chapter 04 인류가 사용하는 에너지

1 Our World in Data, "Global direct primary energy consumption".

2 International Energy Agency, *World Energy Outlook 2022*, p. 435.

Chapter 05 탈화석에너지는 가능한가?

1 International Energy Agency, *World Energy Outlook 2022*, pp. 436, 441, 446.

2 International Energy Agency, *World Energy Outlook 2022*, pp. 435, 440, 445.

3 John M. DeCicco, "Biofuel's carbon balance: Doubts, certainties and implications", *Climate Change* 121 (2013), 801-814.

4 조선미디어 더나은미래, "세계 석학 500인 바이오에너지는 친환경 아니다 공동 성명", 2021년 2월 23일.

5 International Energy Agency, *World Energy Outlook 2022*, p. 435.

6 International Energy Agency, *Coal 2022*, pp. 11-12.

7 U.S. Energy Information Administration, *International Energy Outlook 2021*, pp. 4, 17.

Chapter 06 미래는 전기시대가 될 것인가?

1 International Energy Agency, *World Energy Outlook 2022*, pp. 436-437.

2 International Energy Agency, *World Energy Outlook 2022*, pp. 441-442.

3 International Energy Agency, *World Energy Outlook 2022*, p. 438.

4 에너지경제연구원, *2022 에너지통계연보*, pp. 29, 128.

Chapter 07 석유 수요는 줄어들 것인가?

1 양수영, 최지웅 공저, *2050 에너지 제국의 미래*, 비즈니스북스, p. 124.

2 조선일보 기사, "EU, 2035년부터 내연기관 신차 판매 금지 확정", 2023년 3월 29일.

3 연합뉴스 기사, "미, 2032년까지 신차 2/3 전기차로", 2023년 4월 9일.

4 Organization of Petroleum Exporting Countries, *World Oil Outlook 2022*, pp. 122-130.

5 이코노믹리뷰, "에디슨도 만들었던 전기차... 그 역사를 알아본다", 2019년 4월 6일.

6 Organization of Petroleum Exporting Countries, *World Oil Outlook 2022*, p. 119.

7 International Energy Agency, *World Energy Outlook 2022*, p. 333.

8 International Energy Agency, *Oil Market Report*, January 2023, p. 4.

9 Organization of Petroleum Exporting Countries, *World Oil Outlook 2022*, p. 102.

10 U.S. Energy Information Administration, *International Energy Outlook 2021*, p. 32.

Chapter 08 천연가스 수요는 줄어들 것인가?

1 BP, *Statistical Review of World Energy 2022*, Oil: consumption-Barrels (from 1965), Gas: Consumption-Bcm (from 1965).

2 International Energy Agency, *World Energy Outlook 2022*, p. 435.

3 Gas Exporting Countries Forum, *Global Gas Outlook 2050, 2022 Edition*, p. 57.

4 Shell, *LNG Outlook 2023*, p. 28.

5 Simon Flowers, "How the world gets to a 1.5℃ pathway", *Wood Mackenzie, The Edge*, March 3, 2022.

Chapter 09 미래 에너지로서의 수소

1 Robert W. Howarth and Mark Z. Jacobson, "How green is blue hydrogen", *Energy Sceince & Engineering* 9 (10) (2021), 1676-1687.
2 가스신문 기사, "수소연소기술, 역화와 NOx 배출량 저감이 키포인트", 2023년 1월 6일.
3 경향신문 기사, "친환경 연료인 줄 알았는데…천연가스 수소차의 배신", 2019년 10월 23일.
4 International Energy Agency, *Global Hydrogen Review 2022*, pp. 71-73.
5 International Energy Agency, *World Energy Outlook 2022*, pp. 436, 441.

Chapter 10 CCUS가 탄소중립에 얼마나 기여할 것인가?

1 Tabbi Wilberforce et al., "Progress in carbon capture technologies", *Science of The Total Environment* 761 (2021).
2 한국에너지기술평가원, "국내외 CCUS 기술개발 현황 및 전망", 2021년 7월.
3 에코노믹연구소, "탄소포집 기술, 지구온난화와 기후위기 해법일까?", 2023년 6월 24일.
4 International Energy Agency, *Putting CO$_2$ to Use*, September 2019, p. 3.
5 Kiane de Kleijne et al. , "Limits to Paris compatibility of CO$_2$ capture and utilization", *One Earth* 5 (2) (2022), 168-185.
6 한국에너지기술평가원, "국내외 CCUS 기술개발 현황 및 전망", 2021년 7월.
7 International Energy Agency, *CO$_2$ Capture and Utilisation,* September 2022.
8 IEA, *CO$_2$ Storage Resources and their Development: An IEA CCUS Handbook*, pp. 19-21.
9 Dr. Whittaker and Dr. Perkins, "Technical aspects of CO$_2$ enhanced oil recovery and associated carbon storage", *Global CCS Institute*, October 2013, p. 8.
10 Temitope Ajayi et al., "A review of CO$_2$ storage in geological formations emphasizing modeling, monitoring and capacity estimation approaches", *Petroleum Science* 16 (2019), 1028-1063.
11 Global CCS Institute, *Global Status of CCS 2022*, pp. 7, 53-62.
12 Nam Wang et al. "What went wrong? Learning from three decades of carbon capture, utilization and sequestration (CCUS) pilot and demonstration projects", *Energy Policy* 150 (2021).
13 Upstream Articles, "Chevron's flagship Gorgon CCS project still failing to live up to expectations", February 10, 2022.
14 International Energy Agency, "Section 45Q Credit for Carbon Oxide Sequestration". April 14, 2023.

15 International Energy Agency, "Carbon Capture, Utilization and Storage 2022", September 2022.

16 Intergovernmental Panel on Climate Change, 2018, *An IPCC Special Report on the impacts of global warming of 1.5℃*, pp. 135-136.

17 Global CCS Institute, *Global Status of CCS 2022*, pp. 51-52.

18 Global CCS Institute, *Global Status of CCS 2022*, p. 7.

19 International Energy Agency, "CO_2 Transport and Storage", September 2022.

20 International Energy Agency, *World Energy Outlook 2022*, pp. 439, 449.

Chapter **11** 석유와 천연가스 공급 전망

1 BP, *Statistical Review of World Energy 2022*, Oil: Proved reserves-Barrels (from 1980), Oil: Consumption-Barrels (from 1965).

2 International Energy Agency, *World Energy Outlook 2022*, p. 467.

3 BP, *Statistical Review of World Energy 2022*, Oil: Production-Barrels (from 1965).

4 U.S. Energy Information Administration - International, "Petroleum and Other Liquids".

5 Organization of Petroleum Exporting Countries, *World Oil Outlook 2022*, pp. 153-155.

6 International Energy Agency, *World Energy Outlook 2022*, p. 336.

7 U.S. Energy Information Administration, "U.S. production of petroleum and other liquids to be driven by international demand", April 4, 2023.

8 매일경제, 매경ECONOMY, "21세기 골드러시 셰일가스...에너지 혁명이냐 신기루냐", 2013년 7월 8일.

9 U.S. Energy Information Administration, "U.S. natural gas production and LNG exports will likely grow through 2050 in AEO2023", April 27, 2023.

10 Organization of Petroleum Exporting Countries, *World Oil Outlook 2022*, pp. 147-149.

11 Gas Exporting Countries Forum, *Global Gas Outlook 2050, 2022 Edition*, pp. 57-60.

12 International Gas Union, *2022 World LNG Report*, pp. 38-41.

Chapter **12** 석유와 천연가스는 얼마나 남아있는가?

1 양수영, 최지웅 공저, *2050 에너지 제국의 미래*, 비즈니스북스, pp. 131-133.

2 International Energy Agency, *World Energy Outlook 2022*, p. 467.

3 The Society of Petroleum Evaluation Engineers, *38th Annual Meeting Presentation*, "Survey of parameters used in property evaluation", June 2019.

4 Organization of Petroleum Exporting Countries, *World Oil Outlook 2022*, p. 102.

5 Gas Exporting Countries Forum, *Global Gas Outlook 2050, 2022 Edition*, pp. 57-60.

6 BP, *Statistical Review of World Energy 2022*, Oil: Reserves-Barrels (from 1980).

7 BP, *Statistical Review of World Energy 2022*, Oil: Production-Barrels (from 1965).

8 U.S. Energy Information Administration – International, "Petroleum and Other Liquids".

9 IHS Markit Report, Field Discovery by Year, 2023.

10 International Energy Agency, *World Energy Outlook 2022*, p. 354.

11 위키백과, "1973년 석유 위기"

Chapter **13**　호모사피엔스의 위기

1 Wikipedia, "10 Ways to End the World".

Chapter **14**　무엇을 어떻게 해야 하나?

1 에너지경제연구원, *2022 에너지통계연보*, pp. 128, 170, 171.

2 차성수, "고준위방폐물 관리 현황 및 주요 이슈", 서울대학교 발표자료, 2022년 11월 22일.

3 산업통상자원부, "제10차 전력수급기본계획", 2023년 1월, p. 39.

4 한국에너지정보문화재단, "소형모듈원전(SMR)이란 무엇일까요?" 2021년 6월 17일.

5 김용환 외 공저, *탄소중립 지구와 화해하는 기술*, UNIST 씨아이알. pp. 222-223.

6 pwc 삼일회계, "EU 탄소국경조정제도", 2021년 7월.

7 기후변화경제, "EU 탄소국경조정제도(CBAM) 핵심 내용", 2022년 4월.

탄소와 에너지: 기후 위기 속 에너지에 대한 인식 전환

초판발행	2023년 11월 30일
지은이	양수영
펴낸이	안종만·안상준
편 집	탁종민
기획/마케팅	최동인
표지디자인	이영경
제 작	고철민·조영환
펴낸곳	(주) **박영사**
	서울특별시 금천구 가산디지털2로 53, 210호(가산동, 한라시그마밸리)
	등록 1959.3.11. 제300−1959−1호(倫)
전 화	02)733−6771
f a x	02)736−4818
e-mail	pys@pybook.co.kr
homepage	www.pybook.co.kr
ISBN	979−11−303−1882−0 03320

*파본은 구입하신 곳에서 교환해 드립니다. 본서의 무단복제행위를 금합니다.

정 가   17,000원